汉字概要

沈　宽　编著

上海书店出版社
SHANGHAI BOOKSTORE PUBLISHING HOUSE

《汉字概要》汇集着作者长期沉浸其间所积累的心得体会，既是了解与考证印学艺术发展轨迹的一部学术综合性、教学实用性与艺术欣赏性兼顾的专著，也为在印学领域中从事艺术教育、收藏鉴赏及其爱好者，提供一本不可或缺的专业参考读物。

源高望远

陆康题词

神融笔畅

沈宽生生如乙
张森

张森题词

序　言

　　当今,汉字学已随着国学热而日渐兴起,各行业说字解文之活动亦方兴未艾。汉文字学是一门历史悠久,与传统诗词、书法篆刻等学,既互相融合又各自独立的专业学科。很难设想,一个对汉字的笔画与构造没有基本概念、或对汉字独特美感没有真切感受的人,能够进入书法和篆刻领域,从事与汉字相关的艺术创作,或者欣赏与此相关的艺术品。

　　书法篆刻都以汉字为载体且一脉相承的传统艺术,无论学习、欣赏,还是研究书法篆刻者,都始终离不开汉文字;而汉字则是金石篆刻研究与实践的基础之学,汉字之学在书法篆刻艺术中,同样也始终起到不可或缺的引领作用。然而,目前书法篆刻领域中的不少艺术家,却往往经常忽视汉文字本身的种种客观规律,在创作过程中缺笔增画、生造杜撰、繁简混杂等现象并不少见。如果长此蔓延,将会对艺术与学术之交流,产生以讹传讹的不良影响。

　　沈宽长期沉浸其间,在完成《印学概要》的基础上,又将关于汉文字学的相关基础知识,汇编成《汉字概要》。两者既是相互关联的配套之作,也均是入门国学的辅导读物。本书为《印学概要》的姐妹篇,两者具有可分可合的关系。分而观之,两书的内容都自成系统,体现了汉字与刻印的学科独立性;合而观之,本书又是阅读《印学概要》的基础,与一般的文字学知识介绍类读物不同,其内容的选择和组织，如介绍汉字的起源与形成、发展和流变，以及与识字相关的基础知识等，都充分考虑到从事书法与篆刻的实际需要。

沈宽自幼即喜好书法与刻印，且深究说文解字及六书之学。稍长，又先后得到掌故学家郑逸梅、文字学家胡吉宣，以及历史学家范祥雍、陈奇猷诸老之指点。他的自学成果，多次应邀参加首届安阳国际殷墟（甲骨文）笔会暨学术交流，中国中文信息学会汉字编码专业委员会成立暨首届学术交流，以及全国汉字识别学术交流会等活动。所作汉文字学的相关论述，曾在上海师范大学、厦门集美大学和台中东海大学等学报刊发，其《从陶文看汉字之起源》一文，则被中科院历史所主编的《甲骨文献集成》（第 33 卷）收入。

《汉字概要》之特点在于探本溯源、宏微兼顾、通俗易懂和简单实用，内容包含"汉字初阶"、"认字基础"、"识字实例"和"汉字古迹"等方方面面，其中不乏精彩独到的见解，如"聿笔源流"、"木易非杨"及"家中豕亥"等论述，都是作者长年深入关注、潜心钻研和锲而不舍之积累所得，均值得汉字研究及语文教育学界引起重视，也为广大书法与篆刻初学及爱好者提供了一本不可多得的专业参考书。往昔，著名金石学家马国权先生，曾书题五绝云："欲作金石字，宜有金石气；古今冶一炉，此境亦不易。"我亦颇有同感，并引此以飨广大书印同好者。

华东师大方智范于沪上桂韵书屋

目　录

序　言

汉字初阶

汉字起源形成/3

汉字构造分类/7

汉字改造方法/11

汉字初学举要/18

认字基础

汉字组成要素/33

汉字变化形态/44

汉字部首析要/57

汉字演变释例/65

识字实例

汉字的数量/81

启蒙识汉字/84

认笔解汉字/89

分类辨汉字/94

汉字古迹

原始符号择要/105

商周文字择要/108

秦汉文字择要/128

三国文字择要/149

后　记

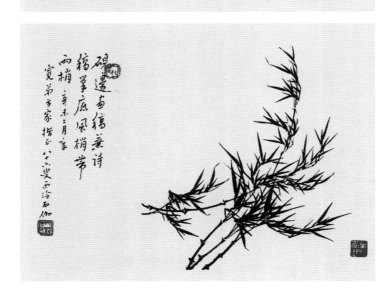

申石伽题石岚居　西泠石伽治文图

汉 字 初 阶

汉字起源形成

汉字构造分类

汉字改造方法

汉字初学举要

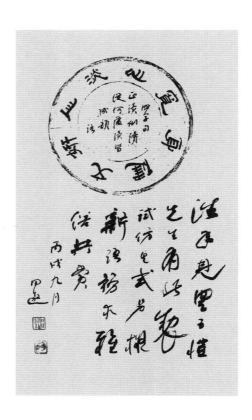

田遨题铭

汉字起源形成

　　我国的汉文字是属于表意体系中一种代表音节、方块形状的语言符号，即由笔画为基础、与单个语词联系所构成特定的音、义结合体。关于汉文字的起源，历代各家各派众说纷纭，但主要是"结绳演化说"、"仓颉创造说"和"图画脱胎说"等。探索他的过去，有助于把握今天，以及推测其未来。

传统说法慎思考

　　"结绳说"最早见于《易·系辞》，郑玄在《周易·注》中说："结绳为约，事大，大结其绳；事小，小结其绳。"自东汉以来，不少人提出这一主张，如"文字之作，肇始结绳"（朱宗莱《文字学形义篇》）。

　　"仓颉说"的产生，始见于荀子《解蔽》云："好事者众矣，而仓颉独传者，一也。"《韩非子·五蠹》曰："仓颉之作书也，自环者为之私，背私为之公。"李斯《仓颉篇》则谓："仓颉作书，以教后诣。"

　　"文字画"的提法，沈兼士先生认为，是以"一种粗笨的图画来表现事物的状态、行动并数量的观念"（详见《文字形义学》）。近来，各家一般也都倾向于此说。

契书本义再察考

"契"者,原始实物记事概括的典型。在甲骨文中,该字是由"丰"和"刀"所组合而成(见"甲一一七零")。《六书正讹》曰:"象刀刻竹木以记事者"。亦作"挈"、"栔"、"絜"等,可能因为"契"是由人("大"者,象人形)用手刻木"挈乳"而产生的,后来又通假为从"金"的"锲"、从"禾"的"稧",以及从"木"、从"手"、从"刀"等,则更是汉文字发展进程中增繁的结果。如《诗·大雅·緜》:"我挈我龟";又如《吕氏春秋·察今》:"遽契其舟";再如《荀子·劝学》:"锲而舍之,朽木不折。"

《释名》诠释为:"栔,刻也;刻识其数也"。然而,《说文解字》所谓:"契,大约也"之说,则是它的引伸之意,并非本义。如《易·系辞》云:"书之于木,刻其侧为契,各持其一,后以相考合";又如《老子》曰:"是以圣人执左契而不责于人"。《说文》"大约"之说是将"契"(刻划)之结果的名词化转移,其表意功能与"券"(凭证)相同。如《说文解字》:"券,契也……券别之书,以刀判契其旁,故曰契券。"

"书"者,早期图画记事进化的结果。《说文解字·叙》:"著于竹帛谓之书。书者,如也。"段玉裁注曰:"如者,从随也。从女、从口,随从必以口;从女者,女子从人者也";王筠则认为:"书,从聿、者声。聿者,笔也"(见《文字蒙求》)。段的解释从语言书面化的角度,形象地描绘"书"的功能;而王的诠释则又从书面语言(文字语言化)运用的角度,明确地讲出"书"的来源。

其实,在甲骨文字里,本来就有由"聿"与"口"相组合的"书"字(见"存下七二三")的形状,不就是"书"字"以笔代口"功能和特征的揭示?《墨子·明鬼篇》云:"书之竹帛,传遗后世。"《韩非子·安危篇》也有"先王致理于竹帛"的记载。由此可见,以竹帛之"书"致理、传教于天下,由来已久。

"书"者,宛然由图画转化而来,"契"者,仿佛从记号发展而形成。"书契"之说是由两种异质而同类的成分并列组合而成。"书契"之说是由两种异质而同类的成分并列组合而成。

我国汉文字的起源与形成,就是原始时期,人们以简单的随意刻划——"契",吸取和概括事物图形的典型特征——"书",并且联结语词的形、音、义结合的统一体。关于汉文字成熟的过程,就是逐渐加强它的符号性、削弱它的形象性,以及增加其规范性和减少其任意性等实践的过程。

陶文先于甲骨文

仰韶陶文是我们目前所发现最早的原始材料。彩陶上面的那些刻划十分简略,虽然其中的含义至今还未能够完全得到阐明。但是,它无疑已经是具有文字性质的符号,尤其是它同殷代的有些钟鼎铭文极为相似,因而更可以证明:那些符号"就是中国文字的起源,或者中国原始文字的孑遗"(郭沫若《古代文字之辩证的发展》)。关于它的年代,中国社会科学院考古所用同位素碳十四测定为:距今6080年±110年至5600±105年(见《考古》1972年第1期)。

其次,姜寨等遗址出土的陶钵口上所发现的刻划符号,也属于这种典型的"记事性标记",其图形化的特征虽然并不突出,但毫无疑问,也"是我国文字发展的渊源之一"(福建人民版《简明中国古代史》)。再者,我国大汶口文化和良渚文化等遗址所出土的类似陶器上面的刻划,它们同样也是我国原始文字的萌芽。总之,这类陶文都是先于甲骨文的实物资料。它们的相继问世决不是偶然,其中类似文字特征的具备也不是巧合。

所以，"图形文字仅仅是局部保存下来的，并不是原始时期的"（详见唐兰《中国文字学》）。同时，商代的甲骨文"离文字初发时，已经很遥远了"（同上）。这样的提法，显然不是没有根据的。因此，我们决不能片面地认为甲骨文是我国文字的开端。

在河南安阳小屯村附近出土的殷墟甲骨文，虽然距今已有三千多年历史，但仍然属于我们目前所能够看到的最古老而完备、精致而丰富、最系统而有价值，更具有史料可佐证的文字。这些在龟甲或兽骨上所契刻的卜辞或与其有关的祭祀、征伐等以记事性为主的符号，即为盘庚迁殷到纣亡这二百七十余年间的遗物。它既是研究商代社会历史的重要资料，也是考证原始文字承上启下逐渐进化的主要依据。

在为数共计十万余片、单个总量共计三千多个的文字里，我们可以明显地看出：简单、随意的记事性"刻划"正在逐渐地成熟。早期文字"图形化"的特征，以及后人所谓"六书"的现象都已经具备；严密而有规律可探寻的文字系统已经基本确立。而这一系统在晚商时期的出现和推广，尤其是"假借"方法的运用，及其在整个文字系统中的突出地位，均可以证明：必定是早已经历过很长时期的使用、发展和演进才逐渐形成的。

（详见《印学合璧》，文汇出版社，2013 年，第一版）

汉字构造分类

　　汉语和汉字极富生命力的内在继承性是数千年中华文明持续繁荣发展的重要载体，也是世界上历史最悠久的语言文字之一。分析它们的形体构造，有助于把握其内在含义，以及了解它的分类特征和演变过程。

　　我国的汉文字由简单的标志（契）和形象的图形（书）综合而来，当书契成熟以后，显然又同原始时期的刻划与描绘有所区别。上古时期的文字主要有象形、象意所构成，而形声文字的出现，则是原始初文表音功能组合、演变的必然结果。

汉字演进的基本形式

　　象形文字，其或者抽象地指事，如：一、二、三、上、中、下；或者形象地指物，如"日、月、牛、羊"。最初往往是名词性的，隶属独体，或称初文，后来逐渐兼并、重叠和丰富起来，进而发展成为复合的。如"眉、包、巢"……（关于合体象形的标界问题则应另作讨论）。它们不但"视而可识，察而见意"，而且"画成其物，随体诘诎"（均见《说文解字·叙》），同时又皆名副其实。

　　象意文字（或称会意），是在象形文字基础上的进化和发展，占上古时期文字的主体。如戍，"守卫也"；伐，"出征也"。也有在初文上增加笔画的，例：天者，"头顶也";夭"头屈也。"主要是合体的,即由几个形象的符号组合而构成。并标志着我国文字的成熟,表意体系的完备。

形声文字,即"以事为名,取譬相成,'江、河'是也"(见《说文解字·叙》),则是上古时期才出现的带有声符的文字。其构成方式大致分为:左形右声字,如"校、蝗、胸";右形左声字,如"鸠、期、欣";上形下声字,如"草、笆、字";上声下形字,如"婆、恩、梨";外形内声字,如"圃、病、阁";外声内形字,如"闻、闽、辨"。

此外,还有一形数声、一声数形、数形数声,以及省形、省声等,兼合交叉而成为一体的异变或杂合者,则皆由于方块字形的特征限制所引起。它的形成,是代表语词象形、象意符号所具备的表音功能运动的必然结果,也体现着我国汉字突飞猛进的开始。

在殷墟甲骨卜辞里,形声字仅占总数百分之二十左右,至后汉,许慎辑成《说文解字》,在九千三百五十三个汉字中,已经发展到百分之八十以上。它是以象形、象意符号为基础,通过"形声相益,孳乳浸多",增益而形成。它们必定是合体的,均由代表意义的形符和代表读音的声符所组合。

传统六书不是造字法

"关于汉字形体的构造,传统有六书的说法"(王力《古代汉语》);"六书之名,肇于周官保氏,盖后贤所定,非仓颉先定此例,以造文字也"(胡朴安《文字学研究法》)。"六书"是从秦汉时期起,人们对文字结构的看法,是区分汉字形体特征的类别。其名称与次序,历来有很多种不同的看法,但主要是以下三家:

一为刘歆《七略》:"象形、象事、象意、象声、转注、假借";

二为郑众《周礼·注》："象形、会意、转注、处事、假借、谐声"；

三为许慎《说文解字·叙》："指事、象形、形声、会意、转注、假借"。

自从清代以后，人们往往采用许慎的说法，按刘歆的次序。近代陈奇猷先生进一步提出《六书宜增"记号"一书为七书说》的想法（详见《晚翠园论学杂著》），则更是一种别具一格的新观点。

有关"六书"的条例不少于十种，而代表汉语通用的文字系统仅一种。并且，"六书实非古说，周官之六书，亦未必许氏所言之六书"（吕思勉《中国文字变迁考》）。何况，我们所看到的古文字资料，都要大大地先于所了解到最早的"六书"条例。

所以，毫无疑问，文字不是根据"六书"的原则而产生。反之，"六书"则是后人根据文字的实际情况，加以归纳和分析，从而得出的。由于当时人们在研究和概括汉字的时候，缺少上古时期古文字的原始材料，因而"六书说"的本身不免具有种种局限。如果按"六书"的要求，对每一个汉字进行区分，往往难以准确地断定它属于哪一类，并且很容易产生因人而异的现象。

三书法分类纲举目张

由笔画（或构件）所组成的每一个汉字，都离不开一定的形状、声音和意义。王筠曾谓："字之有形、声、义也，犹人之有形、影、神也。"历代以来研究文字学的，也无不从"形、声、义"这三方面着手。且"欲考文字变迁之理，必合形、音、义三者而观之"（吕思勉《中国文字变迁考》）。其"义实基于形与声，未有离形与声而能得文字之义者也"（蒋善国《中国文字之原始及其构造》）。因此，对于汉字构成和归类的分析，如果要寻求更合适、更确切的理论，那同样也必须根据汉字本身的这些固有特征去研究，这样才能使它的系统确定得既科学、又容易被人们所接受和掌握。

有鉴于此，笔者较为赞赏唐兰先生有关象形、象意、形声之"三书"分类系统的创建（详见《古文字学导论》）。"三书法"是将传统"六书说"进行取舍、概括而获得的。它对汉字形体构造的提炼，是十分大胆、非常精辟，且很有特色的。第一，这样的分类符合汉字形体的客观规律；第二，这三种类型可以包括一切汉字；第三，这三者之间的界线基本明确，每类的安排也比较合理。因此，只要把分类的要求确定以后，不论谁去分析，均能获得同样的结果。

此外，陈梦家先生提出的"象形、假借、形声"等"三书说"，也是一种独具一格的有关古文字特征的分类方法。从早期汉文字形成的实践过程看，无不由于吸取"书、契"之精华，经过形体表意、读音借代以及音与义的相合等多方面综合而发展深化。所以，陈先生之说，显然也是一种合乎汉文字发展规律的动态分析法，只是其从汉字发展的进程中概括，角度不同而已。

"六书"不是造字方法，对于文字形体特征的分类区别，则是当它形成以后才开始进行归纳的。唐先生的"三书法"是对汉字的具体形式而概括的；陈先生的"三书说"则是就汉字的构成方式而总结的。两者都是按照文字的固有特征和内在规律，在传统"六书说"的基础上，综合提炼而获取的。只有对汉字的形体特征和实践过程具有充分的认识，才能深入地考察它的源流，客观地区分它的类别，准确地把握它的流变途径，进而更有效地归纳出它的改造方法。

（详见《印学合璧》，文汇出版社，2013 年，第一版）

汉字改造方法

文字是记录语言的符号体系,是在漫长的发展中逐渐形成的。汉字作为一种独特的表达汉语之体系,当它形成以后,就产生一种对抗外力的固定性。因此,汉字体系的内部调整,必然存在着一种客观的、富有极强生命力的继承性。

在汉字的发展过程中,只容许在本体系内部所能承受的条件下进行改动,且必须依照汉字已有的形体组合规则及其相互关系原则去进行,又必须始终遵循该体系内部发展的客观规律,并排斥外界对它进行的随心所欲的更改。

汉字发展中新陈代谢

文字的演变过程,就是人们在日常使用中对它表达语言的具体职能进行明确化、规定化和实用化的改造过程;而原始初文的产生,则是来源于远古时期人们在生活中对大自然和社会现状的所见所闻进行形象或抽象的、直接或简接的描绘或记录。

当汉语中的语词结构或形态发生变化的时候,社会上也就必然会自发地强烈要求有新的符号来反映这种变化。人们在实践中,同时又不约而同地运用一定方法对它们的具体职能进行自觉的改造,从而使这一符号体系不断地适应人们表达语言和交流思维的需要，并把汉字本身的功能逐渐地完备起来。

汉字的"改造"就是指人们在使用过程中，根据其发展中所体现出的客观规律，在汉字体系的内部，运用一定的手段、方法和程序，将由记号或图型转化而来的原始初文加以修改、调整和变更等。本人就自己的所见所得，归纳出古人所运用的"分化"与"孳乳"、"转注"等三种改造文字的方法。

汉字分化相增之实例

"分化"是指汉字系统内部对形、意类文字的改造，即汉字在发展过程中，以一种文字的形体为基础，通过"分割"、"合成"或"转化"等方式进行"分化"，从而产生出另外一个或几个新字的改造方法。

一为"分割"：是汉字改造中的一种具体形式，即对汉字的形体结构进行"分割"拆开，其结果是将原字结构的减少，从而产生出新字的一种"分化"方式。

如"木"字分作"丬"、"片"；"行"字分作"彳"、"亍"；"兵"字分作"乒"、"乓"；"竹"字分作"个"。

二为"合成"：汉字改造中的一种形式，即对汉字的形体结构，运用"重叠"、"增加"或"组合"等方式进行"合成"，将原字结构增多而产生新字的一种"分化"方式。

例如"重叠"者，就是以同一形体构件的"重叠"而"合成"出新的文字，如"木"字叠成"林"、"森"；"火"字叠成"炎"、"焱"；"土"字叠成"圭"、"垚"；"石"字叠成"砳"、"磊"；"人"字叠成"从"、"众"。

又如"增加"者，就是通过在某一形体上"增加"笔画或构件而"合成"出新的文字，如"木"字下加"一"为"本"；"木"字上加"一"为"末"；"日"字下加"一"为"旦"；

"大"字上加"一"为"天";"刀"字上加"、"为"刃"。

再如"组合"者,就是由两个(或数个)形体(构件)的"组合"而"合成"出新的文字,如"甚"与"少"相合为"尠";"小"与"土"相合为"尘";"手、示、肉"相合为"祭";"水、欠、皿"相合为"盗"。

三是"转化":汉字改造中的一种形式,即对汉字的形体结构,运用"换位"、"颠倒"或"变化"等方式进行"转化",将原字结构变更而产生新字的一种"分化"方式。

例如"换位"者,即将原字进行"换位"而"转化"出新的文字,如"尖"字换成"尕";"棘"字换成"棗";"杲"字换成"杳";"阜"字换成"邑"。

又如"颠倒"者,即将原字进行"颠倒"而"转化"出新的文字,如"可"字转为"叵";"上"字转为"下";"正"字转为"乏";"人"字转为"匕"。

再如"变化"者,即将原字进行"变化"而"转化"出新的文字,如"又"字变作"手";"疋"字变作"足";"用"字变作"甩";"凹"—"凵"—"凸",等等。

综上可见,它们都是以象形文字为基础,"画成其物,随体诘诎"(见《说文解字·叙》),从而概括出特征,区别其字义,并且"比类合谊,以见指撝"(同上),进而创造出新的象形(或合形)与象意(或称会意)的文字。

汉字的"分化"在文字发展过程中有着不可忽视的作用。深入辨明它作用于汉字的变化过程,对于全面把握各种改造方法的职能与范围,仍然是必不可少的。所以,笔者特意将这种方法的具体差异,分别予以归类研究。

譬如"分割"、"合成"和"转化"这三种方法之间,是既相同、又有区别的统一体。经"转化"而得出的新字,它与本字之间仍有一定的依赖性和紧密的联系性。同时,"换位"、"颠倒"和"变化"这三者,也是"转化"内部相对的统一体。它们之间的关系也是互为依存的,并且不难出现相互渗透和交融的模糊性。

汉字孳乳相生之实例

"孳乳"是以某个汉字的语根(声符)为主体,增加形符(部首)而形成新字的方法。《说文解字》云:"形声相益即为之字";又:"字者,言孳乳而浸多也";《段注》:"孳乳者,汲汲生也"。它是早期初文汲汲相益,孳乳相生的主要手段。由"孳乳"而产生出的新字,它们之间的声符(偏旁)同一,而形符(部首)不一,且一般属于同源关系。

同源者,即"音义皆近,音近义同,或义近音同"(王力《同源字论》)。段玉裁从汉字音韵学的角度进行归类总结,并提出:"一声可谐万字",以及"同声必同部"等论断(详见《六书音均表》)。

章太炎先生曾谓:"由'子'孳乳者,为'字'字(见《致杨遇夫书》);胡吉宣先生亦称:"从'止'孳乳者,若'峕'(即'时')字"(见《幽求室字说》)。张相先生则进一步举例:"消、悄、俏,可视其从'肖'而认为同义;谩、漫、慢可视其从'曼'而认为同义"(详见《诗词曲语汇释·叙言》)。

又如:"皮"是生在人和身体上的,"被"是复盖在人体上的;"被"的动词是"披",一般指覆盖在肩背上的;而"帔"是古代披在在肩背上的服饰。它们"常常以某一(汉字)概念为中心,而以语音的细微差别(或同音),表示相近或相关的几个概念"(详见《同源字论》)。

所以,古今文字的完善和累增,主要是因为作用于"孳乳"而产生的。并且,它们之间在语义和声音上,往往总有一定的互相牵连;而在汉字的建类(形符)之间,则并没有直接关联。

下面再举一些具体的字例：由“工”声相益增长的，如“攻、功、扛、贡、讧、虹”；由“戋”声相益增长的，如“幭、俴、諓、贱、饯、践”；由“羊”声相益增长的，如“佯、详、徉、祥、姜、恙”；由“扁”声相益增长的，如“偏、谝、遍、翩、蹁、骗”，等等。

汉字转注相受之实例

“转注”，是指以汉字的某一义类（形符）为主体，增加声符（偏旁）而形成新字的方法。《说文解字》云：“转注者，建类一首，同意相受”；《段注》：“受者，相付也”；又：相付者，“推予也”。可见，它是在“孳乳”相生基础上的进化，是在同一部类之中限制性的“汲汲相生”。由“转注”而产生出新的文字，它们之间和形符（部首）同一，而声符（偏旁）不一，即一般属于同类关系。

同类者，“凡五百四十部，其分部，即建类也；其‘始一终亥’五百四十首，即所谓一首也；下云凡某之属皆从某，即同意相受也”（江声《六书说》）。如从“水”相受的，“江、河、海”等；徐锴认为：“若‘松’、‘柏’等皆‘木’之别名、皆同受意于‘木’，故皆从‘木’”（详见《说文解字系传》）。

因而，在同一部首内，新字的产生主要作用于“转注”而完成；其最初所表述的概念，往往属于名词性的。并且，它们之间一般只存在着同类（形符）之间的牵连相受，而在语义和声音上则并没有明显的相互关联。

又如从“金属”类相受的，“银、铜、铁、锡、铅、锌”；非金属类的，“硅、磷、硫”，或“氮、氧、氟”等。再如由“老”类相付累增的，“考、耆、耄、耋、耈、孝”；由“艸”类相付累增的，“芝、芭、芬、芳、芸、蒲”；由“竹”类相付累增的，“竿、竽、笛、笙、管、简”；由“日”类相付累增的，“旻、昕、景、晚、晨、曙”，等等。

孳乳与转注间的异同

　　"孳乳"与"转注"是造出大量形声文字的基本方法。早期"兼职"较多的文字，往往就是通过"孳乳"的手段"形声相益"而产生出新字加以分解；而后期"假借"所难以承受的文字，则常常依靠"转注"的方式"转注相受"而产生出新字加以承担。因为"转注"不但能在同一部类中起到"推予"及"相受"的作用，而且还能对整个纷繁的汉字系统发挥建类明首的统驭作用。

　　为数不多的原始初文正是因为"孳乳寖多，改易殊体"，才"以事为名，取譬相成"，进而不断"汲汲相生"；并且经过"同意相受"，而又"同紊牵属，共理相贯。杂而不越，据形系联"（均见《说文解字·叙》），使大量形声字逐渐繩益深化，以至整个汉语的文字系统成熟、完备和发展。由于"形声字的结构相当简单，能产性最高"（胡裕树《现代汉语·文字》），因此，汉字在今后的发展过程中，仍将继续发挥和产生重大作用。

　　必须注意"形声相益"与"同意相受"是辩证统一的两个方面，它们之间的关系是相辅相承、互补有无的。而汉文字本身也不是简单、凝固、垂死的符号体系，所以，需要对此进行整体把握和客观分析，而不宜对它们的某些表面现象顾此失彼地进行一刀切。

汉字改造之实际意义

"分化"是对形、意类文字的改造;"孳乳"和"转注"则是对形声类文字的改造。我国汉文字体系的成熟,就是因形、声这两个方面的改造而得以推衍和滋生;汉字在发展和流变中,也无时不在明显地反映着对其改造的痕迹。

这三种手段和两个方面的改造,就是全民在实践中所应用、约定俗成的创造新字之基本方法;原始时期的初文,就是由于不断地经历"分化"或"孳乳"、"转注"等改造,才使它的数量逐渐增加,形体逐渐完备、声音逐渐丰富,乃至意义渐趋明确。

方块汉字的形体特征是纵横交错,层层叠套;文字的构成方式也并非简单划一。它在实际的使用和发展中,各种改造方法也不是截然分割或固定不变,而是有机结合,兼容并蓄或先后交替。

在分析汉字的形体结构和流变途径时,必须充分重视前人在实践中对它职能进行的改造、各种改造方法及其相互关系,并且加以整体考察和全面地比较研究,力争对汉文字的实际功能、以及源流和发展,取得更为系统而又科学的认识。从而尽可能避免根据长官或政治需求,利用行政权力对具有传统特色的汉文字进行随意、任意乃至随心所欲的改造。

（详见《印学合璧》,文汇出版社,2013 年,第一版）

汉字初学举要

　　汉字,是用于传递信息的标志,亦即记录汉语的符号,还是传统艺术创作的载体,由单音节、长方形的表意文字而驾驭语言、表达思维,其中绝大多数属于形声字;具有约定俗成、相对稳定和相应流变等特点;已有五千年以上的历史,为世界上最古老的文字之一。

　　文字学,是研究文字发展规律的科学。每个汉字都由"字形"、"字义"和"字音"等三部分所组合。汉字中的绝大部分声符,原来总具有一定的意义,有的还存在明显的联系。譬如弓、长"张",木、子"李",江、鸟"鸿",等等。如果"谓形声字声不寓义,是直谓中土语言不含义也"(杨树达《形声字声中有义略证》)。因此,对于汉文字的研究,同样,也包括研究"字形"、"字义"和"字音"等三个部分。

　　从西汉起,人们把"文字学"称作"小学",是以小孩入学先识字而名之。直到清末,章太炎等把"小学"改称为"文字学";而汉代许慎的《说文解字》始终为国文学习中,尤其是研习书法篆刻、探讨文字学,即从事"小学"(文字学)研究的起点和重点。

　　具体而言,研究"字形"即文字学,最早的两本书为东汉许慎《说文解字》和晋吕忱《字林》;研究"字义"即训诂学,最早的两本书为汉初郭璞注《尔雅》和秦李斯《仓颉篇》;研究"字音"即音韵学,最早的两本书为魏李登《声类》和晋吕静《韵集》。

　　如今，随着网络信息化时代的到来，电脑输入似乎已取代了日常的写字。而在书法篆刻、装饰设计等艺术用字的过程中，仍然离不开对传统文字学的了解和把握。但其出发点和落脚点，无不归集在对汉字形体的研究，及其形成、分类、变革和演进等几个主要方面。

试举数字例

　　在书刻创作或交流过程中，经常会遇到不少汉字、尤其是篆书，如何写、怎样查、能否变，以及譬如"十、七、匕、上、土、士"，等等，是否一回事？诸如此类之疑问。兹略举值得一顾之数则，藉此以为认字识文的起端。

　　先看懂字本源，如"大、王、玉、浒、莘、圙"等。

　　"大"者，即大人、大夫、阿大之"大"，从起源看，成人为"大"，婴儿为"子"，"人"为"天地之性最贵者"（象臂胫，见《说文》），均系象形；如"夶（古比）、夵（古耷），吴（大言）、夭（屈也）、天（颠也）、夫（丈夫）、亦（两腋）、夹（裹物），交（交胫）、去（相违），立（住也）、站（立也，占声）、竝（并立）"等，皆由"大"字而衍生。

甲骨文		金文		篆文	隶书	楷书

甲骨文		金文		篆文	隶书	楷书

"王"者,皇、闰、兲(古天)……(均从王字);

"玉"者,璧、瑜、瑾……(均从玉字);

"浒"者,水浒、许多……(注意同形异读);

"莘"者,莘庄、莘莘学子……(注意同形异读);

"囻"(國)者,國(国)邦也,从囗、从或,国家;

再熟悉易淆字,如"恭、切、顷、夜、夕、旦"等。

"恭"者,从心(不是小)、共声,恭敬,毕恭毕敬;

"切"者,从刀、七声(不是土),刀切,一切苦厄;

"顷"(倾)者,头不正也,从匕(非上)、从页;

"夜"者,舍也,从夕、亦省声;深夜,夜以继日;

"夕"者,莫(暮)也,从月,半见(现);夕阳也;

"旦"者,明也,从日,见一;一者,地也。

并知晓古今字,如"或、其、兑、自、它"等。

"或"(域)者,邦也;國,从或从口;国,从玉口;

"其"(箕)者,簸也;簸箕、其他;

"兑"(悦)者,说也;喜悦、说话;

"自"(鼻)者,鼻也;鼻子、自己;

"它"(蛇)者,虫也;从虫、它声。

东西南北中

"东"字,本义为古人出门远行时携带、用布和木棍包扎成的行囊。一般称男子肩扛的行囊为"东",称女子手提的行囊为"西"。而《说文》则曰:"动也。从木。官溥说:从日在木中。"表示日出的方向,如向东、东行,《礼·礼器》"大明生于东";又引申为主人,《礼·曲礼》:"主人东阶,客就西阶。"

甲骨文	金文	篆文	隶书	楷书
東	東	東	東	东

"西"字,本义为古代女性装行李的囊袋。古人称男子肩扛的行囊为"东",称女子手提的行囊为"西"。而《说文》曰:"鸟在巢上,象形。日在西方而鸟栖,故因以为东西之西。"则为方向之名,与东相对,如向西、西行,《史记·历书》:"日归于西。"又为姓氏,传西门豹之后。

甲骨文	金文	篆文	隶书	楷书
西　西	西　西	西　西	西　西	西

"南"字,本义为流行于闽越一带的地方打击乐器。《诗·小雅·古钟》:"以雅以南,以龠不僭。"而《说文》则曰:"草木至南方,有枝任也。"即引申为方位名,与北相对,如向南、南行,《墨子·贵义》:"南之人不得北,北之人不得南。"

甲骨文	金文	篆文	隶书	楷书
南　南	南	南	南	南

"北"字,本义像两个人朝相反方向站立,即相违背。《说文》曰:"从二人相背。"古代天子上朝时面朝南方,因此称背所朝的方向为"北"。即引申为方位名,如向北、北行,《诗·邶风·北风》"北风其凉,雨雪其雱";又引申为败逃,《左传·恒公》:"以战而北。"

甲骨文	金文	篆文	隶书	楷书
𣂉	𣂉	𣂉	北	北

"中",本义为对峙的两军之间不偏不倚的非军事地带。而《说文》则曰:"中,内也。从口。丨,上下通。"即中间、当中、里面,如《孙子·九地》"击其中而首尾俱至";又引申为不偏不倚,无过不及,如中行、中庸;再引申为中等、中级、中介,等等。

甲骨文					金文	篆文	隶书	楷书
中	中	中	中	中	中	中	中	中

倾倒与杂交

"倾"字,由"顷"与"人"(亻)二部分组合而成。顷者,《说文》"头不正也,从匕、从页";《段注》"头不正从匕曰顷,引申为凡倾仄不正之称"。其左边的"匕"字与"上"字,显然是完全不同的两个字。但近日看到书法网上盛传"美得一塌糊涂"的楷书字帖《长恨歌》,打开首页,就有点感到意外(见①)。

"杂"字,还有"雜、襍"等传统、且比较麻烦的写法。如果书写传统汉字字帖的话,则应当采用统一的传统写法。当然,在进行简化、或简体字创作时,则也应该保持其结体的统一性。切忌"繁简混搭",尤其是在一字之中的"杂交"。这是书法字帖"规范性"的内在要求之所在。否则,容易误人子弟。

当然,前者为网络传播,尚有待进一步考证;且"一塌糊涂"之说法,也有失书谱之气。而后字属于正规出版物,则应该不存在什么疑点。目前,周老先生曾特意关照,有家出版社的字帖有点不太靠谱。当时,只是将信将疑而已。近日,翻看其出版的楷书《洛神赋》一帖,果然有些惊讶(见②)。

写字应当规范,尤其是印刷出版物。而提供给学生临摹的字帖,则更加莫不如此。千万要避免笔画"倾倒"与结体"杂交"。但愿出版界能对此引起重视,则莘莘学子之大幸。

印如批斗会

"印"字原本不是"印",而是"抑"字的初文。上面分别为"人"、"爪"、"印"三个篆体汉字,"人"者,像侧身人的臂胫之形;"爪"者,像覆手之形;"印"者,则由一个跪着的"人"与一只向下按的"手"两部分所组成。罗振玉云:印,"象以手抑人而使之跽(长跪)"(见《增订殷虚书契考》)因此,古钵可以称为"钵印",而帝皇的玉玺,则不能够称作"玺印",二者不能同日而语。

抑者,《说文解字》:"按也,从反印,俗从手(抑)。"《段注》:"用印必向下按之,故从反印。"《老子》:"高者抑之,下者举之。"故高低起伏、沉浮进退谓"抑扬"。就"印"字的原形而论,其所描绘的就是"红卫兵"小将的手把"走资派"的头往下按,所以,"印"字就像"文革"时期的批斗会。遥想当年,一大批知识界精英泰斗,如巴老之于油雕院、逸老之于陕北中学,不亦被"印"乎?

《释名·释书契》云:印者,"信也,所以封物为信验也;亦言因(依据)也,封物相因付也。"以及《说文解字》所云:"执政所持信也,从爪从卩。"则是"以动词之印为名词"(见李孝定《甲骨文集释》),实为印章的引申意,而非本义。印章的来源为"尒、坧、璽、鈢、玺、璽",等等。

继看人之初

人之初,犹如"婴、儿、孺、孩、幼、童"等字,所表述的含义十分相近,但又各有具体差异,兹稍析如下。

"婴"字,本义为孕妇项挂贝串,祈求平安生产。《说文》:"婴,颈饰也。从女賏。賏,其连也。"《荀子·富国》:"辟之,是犹使处女婴宝珠、佩宝玉,负戴黄金,而遇中山之盗也。"引申为初生幼儿(女孩),又通作"攖、纓",等等。

甲骨文	金文	篆文	隶书	楷书
聭	賏	嬰	嬰	嬰

"儿"（兒）字，本义表示刚长门牙的小孩。《说文》："儿，孺子也。从儿，象小儿头囟未合。"《老子》："专气致柔，能如婴儿乎？"引申为父母对子女的称呼，如妻儿老小，《广雅·释亲》："儿，子也。"又引申为青年男女的自称，等等。

甲骨文	金文	篆文	隶书	楷 书
				兒　儿

"孺"字，本义为胆小软弱、尚无独立能力的幼儿。《说文》："孺，乳子也。从子，需声。"孺子之属，如孩孺、童孺、妇孺诸称，《礼记·内则》："孺子早寝晏起。"又引申为亲属、亲睦，《诗·小雅·常棣》："兄弟既具，和乐且孺。"《尔雅·释言》："孺，属也。"

篆文	隶书	楷 书	行书

"孩"字，本义为未学会语言之前幼儿，从喉部发出的"呵呵"之声。《说文》："咳，小儿笑也。孩，古文咳，从子。"《老子》："我独泊兮其未兆，如婴儿之未孩。"引申为咿呀学语的幼童、孩提，《国语·吴》："今王播弃黎老，而孩童焉比谋。"

篆文	隶书	楷 书	行书

"幼"字，本义为年少，手脚细嫩无力。《说文》："幼，少也。从幺，从力。"如幼年、幼时、幼嫩、幼稚、幼子和小孩等，《礼记·曲礼》："人生十年曰幼。"引申为慈

爱,《孟子·梁惠王》:"幼吾幼,以及人之幼。"又引申为刚开始生长的动植物,如幼虫、幼苗、幼驹、幼林、幼体,等等。

甲骨文	金文	篆文	隶书	楷书
𠃬	𠃬	𢝊	幼	幼

"童"字,本义为遭剃发刺目的少年男奴,甲骨文由"辛(施刑)、目、壬(人一)"三字组合而成。《说文》:"童,男有罪曰奴,奴曰童,女曰妾。"引申为幼年男仆,如家童、琴童、书童等。宋苏轼《石钟山记》:"小童持斧。"又引申为顶秃曰童、愚昧为童、眼珠通"瞳",等等。

甲骨文	金文		篆文	隶书	楷书
童	童	童	童	童	童

再续子源流

"子"(即里切,上声,止韵,精部)。早在甲骨文里,就已经出现"子"字精致和简易多种写法,其中包括呱呱而坠之婴,嗷嗷待哺之儿;具体还有以下各层衍生之义(见《辞源》商务修订本)。

一、子嗣,兼指男女。《易·序卦》:"有夫妇然后有父子。"

二、嗣君,董仲舒《春秋繁露·精华》:"未踰年之君称子。"

三、封爵,《礼·王制》:"王者之制爵禄,公侯伯子男。"

四、男子尊称,如孔子、墨子、老子、季文子(季孙行父)等。

五、老师，《南朝梁·黄侃》："古者称师为子也。"

六、先秦百家之著，如《孙子》《荀子》《韩非子》等。

七、抚爱，动词；《礼·礼运》："不独子其子。"

八、利息，《史记·货殖传》："子贷金钱千贯。"

九、草木之果、动物之卵，如桃子、鱼子，结子等。

十、地支第一位，又为十二时辰之一；如子夜。

十一、助词，《五代吴越·钱镠山歌》："别是一般滋味子。"

十二、词尾，如房子、旗子、弹子等。

十三、姓，春秋时宋为殷后，子姓（见《史记·殷纪》）。

十四、通"慈"，《礼·乐记》："子谅（慈良）之心，油然生矣。"

甲骨文	金文	篆文	隶书	楷书

手又爪同异

"手"字，本义为人的前肢，亦即五指伸张之形。《说文》："手，拳也；象形。"《诗·邶风·北风》："携手同行。"《公羊传·宣公六年》："头至手（俯首）曰拜手。"引申用于指"人"，如选手、对手、能手、高手、新手，又引申为做法、方法、招式等；如手艺、手段、手法，等等。

金文	篆文	隶书	楷书

　　"又"字,本义为伸手抓持、持有,亦即"有"字初文。静态的前肢为"手",动态的手则称"又";《说文》:"又,手也;象形。"引申为"再、更",表示重复、并列、递进、转折等。如又宽又广、又高又大、又明又亮等,宋陆游《游山西村》"柳暗花明又一村",《诗·小雅·小宛》:"天命不又。"

甲骨文	金文	篆文	隶书	楷书
				又

　　"爪"字,本义为用手抓持,亦即"抓"的初文。《说文》:"覆手曰爪,象形。"《礼记·丧大记》:"小臣爪足。"唐柳宗元《种树郭橐驼传》:"爪其肤以验其生枯。"又引申为手指或脚趾的指甲,《六书故》:"爪,人之指叉,或亦通作爪。"

甲骨文	金文	篆文	隶书	楷书
				爪

朋友之说法

　　友朋之说,由来已久。然而何为朋、如何友? 却往往语焉未详,抑或似是而非,尤其当提笔于篆之际。因此有必要对其去脉来龙,加以甄别梳理。

　　"朋"字,像两串玉系挂在一起,卜辞称"贝朋"。即如古代的货币单位,五贝(玉)相串为一系,二系为一珏,名"朋"。《诗·小雅·菁菁者莪》:"既见君子,锡(赐)我百朋。"又汉王莽制货币五品,则以二枚为一朋。因而古语有云:"同利为朋,同志为友。"

又喻人之结交,引申为志趣相投,亦倗(辅也)字初文;《论语·学而》:"有朋自远方来,不亦悦乎。"《楚辞·离骚》:"世并举而好朋兮。"还引申为并列、同伙,相勾结,如朋比为奸、朋党比周、朋曹党誉,等等。

然而,《说文》云:"朋,古文凤。象形。凤飞群鸟从以万数,故以为朋党字。"以羽形、凤飞、鹏鸟相串通,颇有接木移花之韵味。

甲骨文	金文	篆文	隶书	楷书
𢆶	𢆶	𢆶	朋	朋

"友"字,像双手紧握;"又"为单手抓握,"友"字则表示两人结交,协力互助。《释名》:"友,有也,相保有也。"《论语·学而》:"无友不如己者。"引申为同心合力,志同道合;《说文》:"友,同志为友。从二又(手)。"《易·兑》:"君子以朋友讲习。"唐王昌龄《芙蓉楼送辛渐》:"洛阳亲友如相问,一片冰心在玉壶。"又引申为帮助合作,《孟子·滕文公上》:"出入相友(助也)。"《三国志·先主传》:"瓒深与先主相友。"等等。

甲骨文	金文	篆文	隶书	楷书
𠂇	𠂇	𠂇	友	友

各安其所安

心平于正,气和乃宽;而刻意"结棍"者,则往往适得其反。"厂(an)、安、庵、闇、盦"等字,同音而异形、异义,即其读音相同,但字形与字义殊远,且非常容易张冠李戴。

"厂"者,即山崖石穴及岩洞;"安"者,安定、安全与安乐;"庵"者,即草屋、寺庙及文人书斋;"闇"者,闭门、黄昏、冥暗;"盒"者,即器皿或器皿之盖者,等等。宁静于"厂"、平静以"安"、清净及"庵"、谦逊乃"闇"、鼎兴而"盒",等等。文人墨客,心平气和,各安其所。

然而,一旦用作于人名、字号、别署者,一般便不随意改动,尤其是正规出版物,不可随心所欲。且不宜以一纸《国标》而自诩。譬如朱镕基之镕,不作"熔";周鍊霞之鍊,不作"炼";又如近代印人王福厂(1879—1960年),名禔,浙江杭州人;近代书画家于安澜(1902—1999年),名海晏,河南滑县人;近代印人吴厚庵(1922—1966年),字朴堂,浙江杭州人;近代书法家刘惜闇(1909—2003年),字酉棣,浙江慈溪人;近代印人张鲁盦(1901—1962年),号咀英,浙江慈溪人;等等。

诗人沈霜厂工行楷,作品流传不多;印人王福厂精篆隶,作品传世极多,孰安(厂)孰非安(厂),一目了然也。叔平太师认为:治印者"若徒逞刀法,不讲书法,其不自知者,非陋即妄,知而故作狡狯者,是为欺人也"(见《谈刻印》)。

认字基础

汉字组成要素

汉字变化形态

汉字部首析要

汉字演变释例

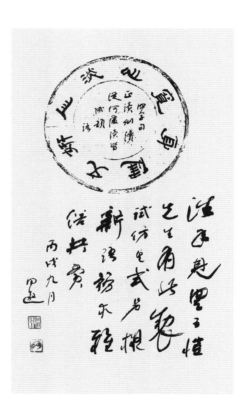

田遨题铭

汉字组成要素

汉文字是属于表意体系中一种代表音节的、方块形状的语言符号,即由笔画为基础、与单个语词联系所构成特定的音、义结合体。而汉字形体的组成部分主要由以下基本要素所构成。

笔画:构成汉字形体最基本构成要素,即"横、竖、点、撇、捺"等。

笔顺:在汉字书写时,笔画的先后顺序。

构件:构成汉字的基本要素,相当于笔画、偏旁、部首等。

偏旁:形声字的组成结构,旧称左偏右旁,现称部首以外的结构。

部首:作为字典排列或查字依据的偏旁,如"大、木、水"等部。

意符:相对声符而言,表示意义部分,亦称义符、形符,如桐字的木。

声符:相对意符而言,表示读音部分,如粮字的"良"。

亦声:合体字兼有声符的意符;如"坪"字,从土从平,平亦声。

省声:对形声字声符笔画的省略,如"歎"字,从欠,難省声。

省形:对形声字意符笔画的省略,如"星"字,从晶,晶省声,生声。

其他:字头、字角、字根、字底、字尾、字件、字部、字旁、字元、字素等。

独体:独立且不可拆分的汉字,如"文、人、女、立、牛、羊、马"等。

合体:由多个构件(或独体字)所组成,如解字,由刀、牛、角合成。

汉字基本术语

小学：古代原指文字学，因小孩入学先识字而得名。

书契：统称指汉文字，由书和契二者所合成；又特称书写和契刻。

六书：亦称六技，汉代析字法；象形、指事、会意、形声、转注、假借。

六书：又王莽时谓六种书体，古文、奇字、篆书、左书、缪篆、鸟出书。

重文：重复出现异体字；或两字重迭出现，以两小横表示，亦称重文。

或体：异体字的另一种名称；如"婿、壻或从女"等。

正体：根据国家相关规定，用于出版物上的印刷字体。

俗字：相对规范的印刷体而言，流传于民间的手写体。

兼职：古代一字兼有多字功能的现象，如"大、太、说、悦"等。

初文：对后起字而言，初期汉字的写法，如"趾"本作"止"。

后起：对初文而言，经改组后的汉字，如"箕"为"其"的后起字。

本字：被借字，相对借字而言，表示本义之字，如"革"与"勒"等。

通假：也称通借，以音同或音近的字替代本字，如"希"与"稀"等。

引伸：由一事一义推衍至他义，如"市"字引出市场、市民、市井等。

古文：古代文字。广义为大小篆之统称，狭义专指战国时六国文字。

今字：相对篆书而言，隶书以来各书体统称；小篆以后又专指隶书。

甲骨文：龟甲兽骨上所刻文字，也称契文、卜辞、龟甲文、殷墟文。

金文：旧称钟鼎文，由铸制或刀刻在青铜彝器上的文字。

钟鼎文：旧称金文，青铜器上所刻文字，如《盂鼎》《毛公鼎》等。

石鼓文：现存最早石刻文字，为刻在鼓形石碑上的籀文，总共有十只。

瓦当文：秦汉时，在宫殿瓦当或砖石上所刻的文字。

竹书：竹简上所写文字及书体，如《敦煌汉简》《居延汉简》等。

壁中书：汉代发现孔宅壁中藏书之字，《说文解字》所收古文多据此。

三体石经：即魏石经、正始（二年）石经，集古文、小篆、隶书三体。

草书：汉字捷书而成，有隶草、章草、今草等。

楷书：即正书、真书，形体方正的汉字形式，如晋唐书、老宋体等。

行书：介于草书与楷书之间的书写形式，代表作如《兰亭序》。

破体：行书的变体，即不合正体的俗字，也称为别字。

八体：秦书名，大篆、小篆、刻符、虫书、摹印、署书、殳书、隶书。

篆书：大篆、小篆的统称；又称古文、篆体、篆文。

籀文：因《史籀篇》而得名；也称籀书、大篆。

大篆：广义称秦统一前的文字，狭义专指籀文，如《石鼓文》。

小篆：即秦篆，秦始皇统一六国后的文字，代表作《泰山刻石》。

刻符：刻在金玉竹木等制成兵符持节上的文字，笔画较为平直。

摹印：用于玺印上的文字，也就是金文，或称玺文。

缪篆：即摹刻在印章上文字，一般指秦汉印文，也称摹印。

署印：书写在封检、门楣、榜额上的文字，大多为篆隶。

虫书：也称鸟虫书，篆书的变体，因其形体像鸟虫而名之。

殳书：刻在刀剑等兵器上文字，形体介于篆隶间，如《吕不韦戈》。

隶书：即隶字、左字；相对古文而言，亦称今文，古也指楷书。

八分：汉隶的别名，也有将隶楷之书，称为八分。

汉字主要特征

汉字形成,源远流长;篆隶行楷,一脉相承;历经变迁,各具姿态。其主要特征,概括曰:"独体为文,合体为字"。

独体文

"文"(错画也,象交文),又如"儿、女、母、子":

甲骨文	金文				篆文	隶书	楷书

合体字

"汉、漢",左右合成(洋也,从水难省声),如"祖、孙、男、孩":

金 文	篆 文	隶 书	楷 书

"字",上下组合(乳也,从子,在宀下,子亦声):

金 文	篆 文	隶 书	楷 书

汉字结构关系

《说文·叙》云:"依类象形故谓之文,其后形声相益即谓之字,字者,言孳乳而浸多也。"也就是说,早期独体象形的书面语言叫做"文",后来形声组合而成的记录符号称为"字"。从汉字形体构成的两大类别中,还存在着以下各种关系。

独体文（形体结构独立而形成的汉字）：

　　相离关系：心、言、川、三、兆、小……

　　相连关系：丁、人、上、水、山、而……

　　相交关系：内、事、禹、中、兼、女……

　　其他关系：文、叉、火、尔、兑、母……

合体字（由部首和偏旁等构件所组成的汉字）：

　　左右关系：张（从弓长）、路（从足各）、海（从水）、珂、提……

　　上下关系：李（从木子）、草（从艸早）、窥（从穴）、华、范……

　　内外关系：闺（从门圭）、问（从口门）、周（从口）、幽、圃……

　　其他关系：虞（从虍吴）、裹（从衣）、辫（从糸）、染（从水）……

　　　　　　　匙（从匕声）、奭（从大）、嬴（从女）、賸（从贝）……

　　特别关注：鸿（从鸟江）、湖（从水胡）、莫（日在舜中，即暮）……

　　（注意：古今文和字不是一成不变的，起初的合成字，如"石"者，从厂、口；"立"者，从大、一；"金"者，从土、今等。如今已独立成"文"。）

汉字形态构成

　　"独体为文",主要由早期单独的"象形文"构成,如"马、牛、羊"和"魚、虫、鸟",等等;"合体为字",则指后期由"会意"和"形声"等形态组合而成,譬如"只(隻)、双(雙)、集(雧)"和"推"与"雅、雌、雄",等等。

　　象形独体文,即象形文,如"隹"(鸟),短尾鸟也,象(鸟)形。

甲骨文	金文			篆文	隶书	楷书
隹 隹	隹 隹		隹	隹	隹	隹

　　会意合体字,即形义或数形相合,如"只",语助词,从口,象气下引。

甲骨文	金文			篆文	隶书	楷书
只	只	只	只	只	口	只
隻	隻	隻	隻	隻	隻	隻

　　"隻",一隹也;又(手)持一鸟;"双"(雙),二隹,手持二鸟。

金文	篆文	隶书	楷书
雙	雙	雙	雙 双

"集"，群鸟在木上，从隹木；"雥"（杂、雜），群鸟也，从三隹。

形声合体字，即形与声相合，如"推"，排也，从手隹声。

"雅"，楚鸟也，从隹牙声；"雌"，母鸟也，从隹此声；"雄"，父鸟也，从隹厷声（均见《说文解字》）。

汉字同形异变

如"灬"为火部，兹例举"鱼、燕"和"羔、熊"及"烈、然、照"等，这三组下面含"灬"，且貌似而实非的变体，以窥汉字形变之一斑。

独体文：

"灬"为象形，如"魚"，水虫也，象鱼尾；"燕"，玄鸟也，象尾形。

甲骨文	金文		篆文	隶书	楷书
魚	魚	魚	魚	魚	鱼

甲骨文		金文	篆文		隶书	楷书
燕	燕	缺	燕	燕	燕	燕

合体字：

"灬"为省声，"羔"，羊子，从羊照省声；"熊"，兽也，从能炎省声。

甲骨文		金文	篆文	隶书	楷书
羔	羔	羔	羔	羔	羔

甲骨文		金文	篆文	隶书	楷书
熊	熊	熊	熊	熊	熊

合体字：

"灬"为形声之义，如"烈"，火猛也，从火列声。

金文	篆文	隶书	楷书
烈	烈	烈	烈

"然",烧也,从火肰声;"照",明也,从火昭声(均见《说文》)。

汉字字形关系

汉字在各类书籍中、在实际书写、尤其是书法作品中,往往会出现各种不同形状的写法和相互对应的关系。从历史角度分析,主要是汉字的进化和演变所造成,而其中有的出于知识家的学识、有的则由于书法家的创作、手民或编辑者的一时疏忽所形成。

譬如《论语·学而》:"学而时习之,不亦说(悦)乎?"《荀子·劝学》:"靖共(供)尔位,好是正直。"《左传·宣公元年》:"从台上弹人,而观其辟(避)丸也。"

又如近代书画家吴湖帆,斋名梅影书屋,又作"某景书屋";来楚生又号"初升";清代篆刻家黄牧甫,亦作"穆父"、"穆甫",等等。以下介绍几种经常看见的应用实例。

古今关系(初文与后起,上古时汉字兼职现象较多,简称"本作"):

　　说—悦、共—供、辟—避、大—太、弟—悌、孰—熟、知—智、夸—誇、曾—增、竟—境、舍—捨、冯—憑、贾—價、尝—嚐、革—勒、反—返、希—稀、景—影……

通假关系(音同或音近,即音同或音近字相通和互借,简称"通作"):

　　赴—讣、踊—踴、锡—赐、歸—饋、乡—向、某—梅、矢—誓、时—是、戚—慼、直—特、由—猶、輮—煣、舟—周、错—措、止—趾、辩—辨、惟—唯、维……

异体关系(形体不同,音义相同,分正体、变体、俗体,简称"同"):

　　杯—盃、睹—覩、詒—貽、諭—喻、粮—糧、泪—淚、线—綫、惭—慙……

繁简关系(笔画多少,即汉字笔画的增加或减少,简称"也作"):

　　万—萬、办—辦、达—達、递—遞、隶—隸、茧—繭、爱—愛、忧—憂、击—擊、书—書、适—適、余—餘、征—徵、尔—爾、亲—親、笔—筆、丰—豐、谷—穀……

　　钟—锺、鐘;发—發、髪;干—干、幹、乾;复—復、複、覆;台—台、臺、檯、颱……

汉字变化形态

我国汉文字体系的成熟，就是因形、声这两个方面的改造而得以推衍和滋生。汉字在发展和流变中，也无时不在明显地反映着对其改造的痕迹。以下介绍一些汉字改造过程中流传通行的基本方法和演变结果。

分化：经过"分化"而产生新字的方法，如日与月组成"明"字等。

孳乳：以声符为主，增加部首而形成新字的方法，如"诮、悄、俏"等。

转注：在部首内部，增加声符而形成新字的方法，如"江、河、海"等。

同源字：具有音义相同或相近关系的形声字，如"谩、漫、慢"等。

同类字：属于相同部首范围的形声字，"松、柏、梅"等。

古今字：古代一字兼有多字的职能，如"辟"字与"避、僻、譬"等。

通假字：字形不同，但音近或音同，如"乡、向"，"希、稀"等字。

异体字：形体不同，但音义相同，如"帙、袠"，"睹、覩"等字。

简化字：经简化后的汉字，如"舍、捨"、"荐、薦"等。

繁体字：没被简化的汉字，如"后、後"、"适、適"等。

汉字形义重组

原始时期汉字的初文，是以象形、象意符号为基础，由于不断地分化和重组，才使它的数量逐渐增加，形体逐渐完备、声音逐渐丰富，乃至意义渐趋明确。其中非形声字分化组合的方式，比较简单而且直接明了。下面介绍几类常见的形、义组合字。

双义相合

由两个（双重）不同义符所组成的一个合体字。譬如：

"明"，光亮也。由日、月组合；"武"，干戈也。由止、戈组成；

"奊"，大耳也。由大、耳组合；"劣"，弱小也。由少、力组成；

"吴"，大言也。由口、矢组合；"周"，密也。由用、口组成；

"尠"，不多也。由甚、少组合；"岩"，山石也。由山、石组成；

"否"，否决也。由不、口组合；"甭"，不用也。由不、用组成；

"歪"，不正也。由不、正组合；"孬"，不好也。由不、好组成……

多义组合

由多个（多重）义符所组成的一个合体字，譬如：

"契"，大约也。从大、刀、丰；"碧"，石青美。从玉、石、白；

"羅"，罟鸟也。从网、糸、隹；"徹"，通畅也。从彳、攴、育；

"祭"，祭祀也。从手、示、肉；"解"，判析也。从刀、牛、角；

"寇",暴匪也。从宀、元、攴;"衡",横木也。从角、大、行;

"盥",澡手也。从臼、水、皿;"望",观月也。从亡(目)月壬;

"辩",治也。言在二辛间;"盗",私利物。从氵(水)、欠、皿……

汉字同形相叠

由两个形体完全相同的义符所组成的一个合体字,字例如下。

人类之属:

"从"(随从)、"北"(相背)、"比"(比较)、"矵"(簪子),均从二人;

"夶",从二大,古比字;见《集韵》;一夶高低,夶上不足,夶下有余;

"奕",从二大,古套字;《篇海类编》;跑龙套,配套成龙,不落俗套;

"奻"(古嫌,争讼;忌妒)、姣(古姣,媚美;艳丽),均从二女;

"吅"(音喧,嚣哗也)、吕(音侣,脊骨也),均为二口相叠所成;

"抙",音孚,从二手,掬也;同捊,即引取,捊取、捊掬,双手抙起;

"拜",音败,从二手,首至手也;拜手、拜首、拜受,拜将封侯;

"廾",音恭,从二手,拱也;收,拱手、拱立、拱揖,廾手相让;

"抓",音爪,从二手,搔也,又取物;抓手、抓东西,抓乖弄巧;

"叒",音右,从二又,二手;即友,志同道合;友好、友谊、朋友;

"双",音爽,从二又,两手;即雙,成双成对;双向、双手、双腿;

"眲",音句,从二目,古瞿字,双目相视;瞿瞿相顾,眲物思人;

"覤",音尧,从二见,并视也;覤目相视,睦目相覤,炯炯有神;

"聑"，音迭，从二耳，贴妥也；聑垂之状，洗聑恭听，聑闻是虚；

"誩"，音强，从二言，竞言也；誩论风生，誩说纷纭，喋喋不休；

"忢"，音沁，从二心，恻隐也；恻隐之忢，恻怛之忢，恻忢积虑；

"孖"，音仔，从二子，双子也；又通滋，蕃长孖生，万物孖长；

"兟"，音昆，从二兄，兄长也；又同昆，昆仲姐妹，兟弟之好；

"竝"，音并，从二立，并立也；竝肩而行，竝驾齐驱，竝存不悖；

"步"，音布，从二止，行走也；步调一致，步步为营，步步高升；

"夶"，音伴，从二夫，并行也；夶步而行，夶行不悖，夶行其道；

"踾"，音绰，从二足，齐谨也；又同趵，踾踾不净；

"臸"，音之，从二至，到达也；如一、至也；自始臸终，一往无前；

"兟"，音浸，从二先，二人相对，锐意；又作赞，二人首肯，屈己以赞；

"兟"，音申，从二先，进步也；进也，兟退存亡；又众多也，兟兟日上；

"兢"，音进，从二克，竞争也；又作坚强解，兢强不屈，兢兢业业；

"竞"，音竞，从二竞，争先也；即竞字，竞争、竞技、竞赛、竞短争长；

"競"，音京，从二竞，即競也；競然，逐也，强也，遽也，并也，进也。

……

动物之属：

"鱻"，音鱼，从二鱼，二鱼也；《说文》作上下二鱼，即鱼贯也；

"蚰"，音困，从二虫，昆虫也；通昆，或作蜫、蚰，虫之总名，小虫动；

"雔"，音筹，从二隹，双鸟也；相当、相抵也；仇、雔，本作雔；

"豩"，音彬，从二豕，二猪也；猪之乱群，杂乱无章也；

"狺"，音银，从二犬，二犬也；亦作狋，两犬相啮（咬），即狗咬狗也；

"牪"，音彦，从二牛，牛件也；《正字通》，古文"友"，或群或友；

"騳"，音独，从二马，并马也；马行走，其声騳騳；二马驰，其状奔骋；

"虤"，音燕，从二虎，虎怒也；与"两犬相啮"同义，即两虎相斗也；

"龖"，音他，从二龙，龙威也；飞龙、振怖、龙怒也。

……

自然之属：

"炏"（音开，炽火旺盛）、"炎"（音严，火光明亮）等，均从二火；

"棘"（音集，刺草也）、"棗"（音早，枣子也）等，均从二束；

"玨"，音觉，从二玉，双玉也；又作珏，二玉合为一；班、斑，皆从玨；

"硞"，音勒，从二石，击石也；二石相击而成声；

"圭"，音贵，从二土，瑞玉也；上圆下方，瑞者以玉为信，大也，洁也；

"畕"，音将，从二田，田间也；比畕者，两田相连，密近为畕；

"昍"，音宣，从二日，明亮也；日光充盈为昍，日月相推为明；

"多"，音朵，从二夕，重叠也。重、厚、众也；多才多艺，多多益善；

"颮"，音腔，从二风，风声也；风掣雷行，颮起云涌，颮声鹤唳；

"沝"，音垂，从二水，水多也；水亦作沝，水火之中，沝漫金山；

"屾"，音申，从二山，对山也；两山并峙，各止其所（见《六书精蕴》）；

"林"，音邻，从二木，丛木也；《说文》"平土有丛木"，竹林、森林；

"牉"，音析，从二片，版子也；古版字，面牉、图牉、凹凸牉；

"門"，音们，从二户，出入也；像二户，闻、打、守也，門户之见；

“甡”，音生，从二生，众生也；众生并立，段注：“并生而齐盛”；

“槑”，音每，从二呆，梅树也；古梅字，亦某、楳；果木名，望槑止渴；

“艸”，音曹，从二中，草丛也；今作草，初生为中，二中为艸；

“竹”，音逐，从二个，竹子也；多年生植物，圆质虚中，深根劲节；

“秝”，音历，从二禾，均匀也；今作历，稀疏秝秝，历历可数；

“瓜瓜”，音庚，从二瓜，微弱也；本为蔓，末为瓜；瓜实繁多，本不胜末；

“毛毛”，音旅，从二毛，织品也；同氀，或作毹，毛纺织品；又人险氀毹；

“絲”，音思，从二糸，絲织也；今作丝，蚕所吐；纤细物，藕丝、雨丝。

……

其他之属：

“厶厶”（音邻，比邻也）、厺（音幻，古幻也），均从二厶；

“亖”，即四，从二二，数量字；四平八稳，四时八节，四书五经；

“爻”，音尧，从二乂，变化也；《易》称：爻连的为阳卦，断的为阴爻；

“喆”，音着，从二吉，哲理也；同哲，圣哲治；古知、智、哲，三字通；

“赫”，音贺，从二赤，显耀也；火赤、火盛、火明、火灼，火光烛天；

“歹歹”，音喘，从二歹，残损也；残损、竭尽；又说古布字，商货布作歹歹；

“斦”，音银，从二斤，二斤也；二斤为斦，义在其中；

“朋”，音彭，从二月，群类也；甲骨文作二贝，朋党；又通凤，神鸟也；

“賏”，音英，从二贝，颈饰也；连串的贝壳为缨络，用作颈饰；

“玆”，音此，从二玄，乌黑也；本作滋，浑浊也，引申为滋润、滋益；

“祘”，音蒜，从二示，计算也；今作算，明示以祘之；引申为祘计；

"弜",音墙,从二弓,强力也;竞技比武时,双弓并开为弜;

"嶤",音乔,从二尧,高耸也;尧为山高,嶤为更高;

"皛",音帛,从二白,洁白也;同白,白为素白,皛为净白,更白也;

"皕",音必,从二百,二百也;以形为义,即二百也;

"戋",音见,从二戈,狭小也;如浅薄之浅、卑贱之贱、残缺之残;

"輌",音亦,从二车,双车也;即车也,两车并行;

"臦",音狂,从二臣,乖背也;两臣相违,乖离;又通囧,窗户、炯亮;

"开",音间,从二干,上平也;研本字,研磨、妍丽、跰皮、鈃盅等;

"囍",即喜,从二喜,双喜,囍庆用字;喜出望外,囍从天降。

……

此外,还有两个"人、刀、幺、支、牙、予、欠、舌、井、米、页、齿、面、身、臣、东、黍、矛、衣、邑"等字,相叠而组合者,不再逐一举例。

汉字多形重叠

由多个形体完全相同的义符所组成的一个合体字,字例如下。

人类之属:

"劦",音协,合力也;从三力,本协(協)字,同心劦力,力不辍也;

"众",音踵,多人也;从三人,众即(眾)字;众目睽睽、众说纷纭;

"品",音贫,众多也;从三口,三人为众,三口为品;品种、品牌;

"晶",音苗,美目也;从三目,三目为美,目有神,深邃,称美目;

"聶",音涅,细语也;从三耳,《说文》"一耳就二耳";又许与相合;

"惢",音所,心疑也;从三心,多心疑惑,心多善良;又同蕊,花蕊;

"孨",音专,谨慎也;从三子,小心谨慎,又同孱,博学孨(孱)守;

"掱",音爬,窃物也;从三手,即三只手,窃取财物的小偷,扒手也;

"姦",音间,邪恶也;从三女,本奸字,即私、伪、乱、邪、淫也;

"舙",音化,话语也;从三舌,同话,说话,言词舙语;亦告知,晓谕;

"譶",音哲,言多也;从三言,言而不止,见《文选·吴都赋》;

"歮",音色,羞涩也;从三止,同涩字,害羞、苦涩、干涩;又为古奔字,即三人为众、三口为品、三石为磊、三止为奔,急走,奔跑也。

……

自然之属:

"卅",音洒,三十也;从三十,以形为义,即三十也;

"叒",音若,日出也;从三又,本桑字,扶桑;又友顺多助,相与辅翼;

"厽",音类,墙壁也;从三厶,累土为墙;又或通参(参),参与加入;

"尛",音么,细微也;从三小,古麽字,细小;又语助词,什么,同吗;

"卉",音会,花卉也;从三十,古作芔,从三屮;《说文》"草之总名"。

"刕",音离,姓氏也;从三刀,出蜀刀逵之后,见《广韵》;

"垚",音姚,高远也;从三土,本尧字,高平上,再增土,高且远;

"磊",音类,累石也;从三石,石多;大石、落石,磊落不羁;

"畾",音雷,田间也;从三田,田间之地;同壘(垒),壁畾森严;

"焱",音燕,火花也;从三火,同焰,火焱;火光华丽,光焱万丈;

"淼",音妙,水多也;从三水,大水滔天,淼漫金山;同渺,遥远淼茫;

"晶",音京,明亮也;从三日,精光明亮;通精,晶盈,晶莹剔透;

"赑",音备,负重也;从三贝,用力而负重谓赑,又怒而不醉亦谓赑;

"皛",音皎,显明也;从三白,显白、通白、重白,皛皛明明;

"森",音森,树繁也;从三木,木多貌,木出平林,茂盛也,众从如森;

"毳",音脆,细毛也;从三毛,毫毛、细毛、鸟腹毛;又绒,柔软甘毳;

"厵",音原,水本也;从三原,同源字,出厂下;源清流洁,厵厵不断;

"轟",音轰,喧闹也;从三车,车多之状,群车轟轟;喧嚣、喧扰;

"矗",音处,高耸也;从三直,草木茂盛,耸而高起,直上而矗;

"鑫",音信,兴旺也;从三金,金多盛也;鑫森淼焱垚,五盛立名;

"嚞",音这,古哲字;从三吉,见《说文解字》;

"馫",音兴,香气也;从三香,见《字汇补》;

"灥",音旬,众流也;从三泉,或作泉,见《集韵》;

"靐",音并,雷声也;从三雷,雷声巨响,见《集韵》;

"飍",音标,惊风也;从三风,见《集韵》;又惊走貌,见《玉篇》;

"飝",音非,同飞也;从三飞,见《龙龛手鉴》。

……

动物之属:

"雥"(音杂,群鸟也)、雦(音及,古集字也),均从三隹;

"猋",音标,犬奔也;从三犬,快步疾走;又起风,扶摇;离去,远逝;

"犇",音本,惊走也;从三牛,牛惊恐;又同奔,犇逸绝尘,万马犇腾;

"骉"，音彪，众马也；从三马，马多也；三人为众，三马为骉；

"蟲"，音种，足虫也；从三虫，有足虫谓蟲，无足虫谓豸；又鸟兽称蟲；

"羴"，音山，羊气也；从三羊，或作膻；人心羴慕（善），燔燎羴芗（香）；

"鱻"，音先，鲜美也；从三鱼，鲜本字，新鲜、美味鱼；或作尠，少有；

"麤"，音粗，行远也；从三鹿，三鹿齐跳，麤行超远；又粗疏或不精；

"龘"，音沓，龙行也；从三龙，状声言龘龘，或作沓，纷至龘来。

……

四形叠加：

"卌"，音戏，四十也；由四十叠加所成，以形为义，即四十也；

"叕"，音离，分布也；四乂叠成，《说文》"广交"，又系统也；

"叕"，音绰，联缀也；四又叠成，《说文》"缀联"，即连接也；

"㞣"，音斩，展视也；四工叠成，《说文》展本字，极巧视之；

"茻"，音网，丛草也；四中叠成，丛草茂盛；又通莽，茻原也；

"皿"，音及，众口也；四口叠成，喧嚣，众口；又同雷，古雷字；

"朤"，音朗，明朗也；四月叠成，同朗，清澈明亮，朤朤乾坤；

"鱻"，音业，鱼盛也；四鱼叠成；鱼儿丰盛即为鱻，鱻贯而入；

"燚"，音义，火神也；四火叠成，大火燃烧为燚，燚光冲天。

……

此外，尚有三"刀、大、个、文、爪、足、甲"等，以及四"土、木、日、田、石、风"者，等等之重叠组合。皆为文字原型"依类象形"的更进一层，兹不再累举。

汉字形声组合

　　汉字的形声字必定是合体的,均由代表意义的形符和代表读音的声符所组合。通过"形声相益,孳乳浸多",而使其数量与内涵不断增加和丰富。这里主要介绍一些关于形声字的组成方式。形声字大致有以下几种方式所组成。

　　左形右声:祺(从示其声)、姑、隔、论,聊、溃、校、骑……

　　右形左声:期(从月其声)、刹、鸽、歉,颇、影、切、胡……

　　上形下声:箕(从竹其声)、罟、药、宪,荷、董、病、痛……

　　下形上声:基(从土其声)、辜、盲、婆、贷、奕、迹、廷……

　　外形内声:固(从口古声)、图、圃、围,衷(衣)、褒、褒、裹……

　　内形外声:闻(从耳门声)、闽、衔、衍,辩(言)、辨、莽、莫……

　　其他组合:颖(从禾顷声)、修(从彡攸声)、载(车)、腾(马)……

　　　　　　　毡(从毛先声)、魁(从斗鬼声)、赖(贝)、霸(月)……

　　　　　　　衡(从角大,行声)、冈(从山网声)、赢(贝)、胤(肉)……

　　　　　　　弼(从弓畐省声)、渠(水)、颍(水)、泰(廾水大)……

　　形声字部首与偏旁互换后字义不变的:

　　群＝羣、裏＝裡、鹅＝鵞、峰＝峯、略＝畧、迹＝跡……

　　形声字部首与偏旁互换后字义不同的:

　　纹—紊、含—吟、忘—忙、愉—愈、架—枷……

汉字增量变异

　　汉字简化方案的问世，对于汉字的规范使用、方便书写等不无裨益，但其中留下难以思议的遗憾，却依然不少。汉字简化的设计思路是减少汉字的数量，但其结果却适得其反。根据类推简化原则推行之后，汉字的总量反而激增，目前最大的字库已收入汉字 91251 个。并且还出现异化的现象。

发生变异的：

　　在汉字简化过程中，也影响到系统性原则，即汉字或其偏旁应该同样简化，但实际的结果却没有统一，譬如"脑"（腦）、"恼"（惱）等，而玛瑙的"瑙"字却没有简化；又如"怀"（懷）、"坏"（壞）、"还"（還）、"环"（環）等；再如"邓"（鄧）、"劝"（勸）、"汉"（漢），等等，均发生了变异。

原义改变的：

　　如親者不见（亲），愛者无心（爱），産而不生（产），兒而无首，厰里空空，雲而无雨，麵而无麦，開関无门，鄉里无郎（乡），嚴已不敢（严），等等。

改成混乱的：

　　如户（门户）、扈（地名、随从）、蒦（规度、通擭）、卢（盧：饭器、黑色）等字。沪（滬）、护（護）、芦（蘆）、庐（廬）、炉（爐）、驴（驢）……泸（瀘）、垆（壚）、栌（櫨）、胪（臚）、鲈（鱸）、舻（艫）、轳（轤）、鸬（鸕）、颅（顱）……

造成麻烦的:

头髮、發展、鍾山、鐘声,迭出、重叠,恢復(又)、重複、回覆(盖),匯合、邮滙、彙编、相会(交会、会见、会接),相汇(交汇、汇报、汇接)……

补充了解的:

掌握"古今字"的一些基本常识,对于熟悉与掌握汉字的具体用法,以及繁简变化等,均十分重要。如"或"(国)者,邦也;"其"(箕)者,簸也;"兑"(悦)者,说也;"自"(鼻)者,鼻也;"它"(蛇)者,虫也,"舂"(撞)者,撞也;"采"(採)者,取也;"希"(稀)者,少也;"虚"(墟)者,土丘、空虚、集市,等等。

汉字部首析要

汉字部首之关联

汉字的部首具有分门别类、循序渐进、依次分布之特征，以及建类一首、同意相受之功能。兹略举相关之属的代表者，聊供自学时举一反三之参考。

口部：口（鸣）、舌（舔）、甘（甜）、旨（尝）、言、欠……

页部：页（颊）、首（页）、面（首）、目、见、耳、鼻、齿……

居室：宀（家、室）、广（府、庭）、尸（屋、屏）、门、户……

财宝：金（银、铜、铁、锡）、玉（珏、珩）、贝（贷、贾）……

天文：日（景）、月（朝、望）、夕、雨（雷）、风（飘）、气……

地理：土、厂、石、山（嵩、岱）、阜（阝左）、邑（阝右）……

植物：艹（艾）、木（楚、梁、杯）、竹（简）、禾、食、西……

动物：马（驹）、牛（物）、羊（群）、豕、鹿、犬、鸟、隹、虫、鱼、鼠、黾……

汉字手部之关联

"手"部作为义符，有两种写法以及两种用法。一为手在下面的"手"部，如"拳、掌"等；二为手左边的"扌"部，如"指、挥"等。"手"部中的少部分字作为名词，例如"手、又、友、指、拳、掌"等。

"手"部中的大部分字则为动词，且与手的动作有关。又如"抑，手按下；扬，手举起；把，即手拿着；操，亦为拿着；援，即攀引；承，双手接受；探，伸手拿东西；捷，获得战利品"……

与"手"部相关联的，还有多种写法。例如"爪（手）、又（右）、力（臂）、攴（攵）、殳（击）、廾（双手）"等部。

"爪"部，单手也；与手相关。例如"孚、舀、采、觅、孚、争、禹、爬"……

"又"部，右手也；亦手部的分支。例如"叔（拾也）、取（拿也）、受（接受也）、及（逮也）、秉（持禾）"……

"力"部，筋也；像人筋之形，谓肉之力；亦与手部相关联。例如"动（作也）、勤（劳也）、劳（剧也）、劣（弱也）、勇（气也）"……

"攴"（攵）部，音扑，小击（从又、卜声）也；亦手部的分支。例如"政、教、敲、鼓、赦、救、放、收（捕也）、改（更也）、孜（汲也）"……

"殳"部，音书，从又，用手击物捕人也；亦为手部的分支。例如"殴（打也）、毁

（破坏）、殺（戮也）、殿（击声）、段（椎物也）"……

"廾"部，音公，即拱，双手也；亦与手部相关联。例如"廾（双手拱起）、戒（双手持戈）、兵（双手持斤）、要（双手叉腰）"，等等。

汉字页部之关联

"页"（頁）字，《说文》曰："头也，从首、从人。"又曰："头，首也。"指的就是人头。因此，"页"部里的字，往往与头面相关。譬如"顶、颊、额、颈"等；又如"颜（额也）、颠（头顶）、领（项也）、项（头后）、颇（头偏）、硕（头大）、顾（回头）、题（额头）、顿（磕头）"等。

其次，"面"部和"首"部，就是"页"部的分支；例如"腼、靦、䩉"和"馗、馘"等字。再次，"耳"、"鼻"、"齿"与"目"、"见"等部，也与"面首"相关联。

"耳"部，如聪、聰、聰（敏锐，从耳）字，闻（听见，从耳）字，聆（听也，从耳）字等；"鼻"部，如鼾（鼻息声，从鼻）字等；"齿"部，如龄（年龄，从齿）字，龁（合，咬也，从齿）字等。

"目"部（人目、象形），指人的眼睛，往往与眼睛有关。例如"省（细看，从目）、相（细看，从目）、眷（回看，从目）"等字；又如"眼、睛、眩、盼、盯（注目）、眄（张目）、眠（闭目）、眙（怒视）"等字。

"见"部（从目、从人），亦为"目"的分支，与看见相关。如"视（看见）、觉（睡醒）、觇（窥视）、觑（窥伺）、觌（覿、见面）"等字。

汉字肉部之关联

首先，"肉"（象形）部作为义符，有两种写法。

一为"肉"，一般放在下面，如"腐（败烂）、骴（骨殖）、胬（病症）、胾（大肉）、臀（即臀）、"，等等；二写作"月"，放在左边或者下面，如"腹、背、育"，等等。

其次，"肉"（月）部里的字，大致也分为两类。

第一类，名词，指身体，且头部以外的部分，例如"肩、肘、股、肱、腋、腹、背、脚、胫、肝、胆（膽）、肺、肠（膓）"等；又如"肯（骨肉间）、膏（即脂肪）、膳（肉食）、脩（干肉）"，等等；

第二类，形容词，指身体某些性状相关特征，例如"肥、脯（肥也）、腴（也是肥）、胀（脹）、肿（腫）、腥、臞（瘦也）"，等等。

再次，尚有似是而非的"月"（肉）字部，则务必引起格外注意。

一如非"肉"之"月"（缺也）部，如"明（照也）、朗（明也）、朓（晦也）、朔（初一，始也）、朏（读'非'，即初三）、朒（音'女'，即朔也）"，等等；

二如"冂"（重覆）与"肉"部，形似实非，如"同、冕、冑、冒"等；

三如"服、朕、腾"等字中的"月"，本作"舟"；隶变而改成"月"；

四如"朝"字（本义月将落），甲骨文写作"月"，篆书变成"舟"，隶变又改为"月"；

　　五如"朋"字的原型,既非从肉,也非从月,而是像两"玉"(贝)相串连。譬如甲骨文中的"朋"字(即象两串钱币之形),玉(贝)者,(即货贝,同利也,周而有泉,至秦废贝行钱。),而至东汉《说文解字》,则误作"凤"(神鸟也)字。

　　此外,"骨"部,可作为肉部的分支;《说文》"肉之核也";"骨"字,本身也从肉。例如"骼、骸、体(體,从骨)、骷、骱、骰、骺、髁、骼、骹、骼、髀、髑髅"等;

　　以及"身"部,也作为肉部的分支,《说文》"象人之身";例如"躬、躯、躲、躺",等等。

汉字口部之关联

　　"口"字为象形,本义犹如嘴巴,人类进食、呼吸、发音的器官。《说文》:口,"人所以言食也。象形。凡口之属皆从口。"具体分布如下。

　　"口"部相关的器官:喉、咙、咽、嘴、吻(嘴角)……

　　"口"相关行为:含、嚼、咬、啼、叫、吆、呼、吟、咏、吮、哂……

　　"口"相关语言:问(从口)、命(从口)、唯(答应)、咨(咨询)……

　　"口"部象声词:咕咕、呱呱、啾啾、咚咚、叽叽、咯咯、唶唶、喳喳……

　　"口味"的分支,例如:舌(从口)、甘(从口)、旨(从甘)、尝(尝,从旨),等;"口气"的分支,例如:言(从口,与语言有关);欠(从气、及人,呵气也),等等。

　　"言"部作动词:谋(咨询)、访(咨询)、诛(斥责)、识(懂也)……

"言"部作名词：诗、词、语、话、谜、论、诏……

"言"部形容词：谨（谨慎）、诚（诚实）、谅（诚实）、詐（不诚实）……

"言"与"心"相通：误（又作悮）、说（又作悦）、悖（又作誖）……

"欠"（表示人在呵气），与"口"、与"言"也相关，例如：吹（出气）、歌（又作謌）、欧（又作呕、又作讴）、歎（又作嘆、叹）、欷歔（又作唏嘘）、欣又作䜣，等等。

汉字足部之关联

"足"字的本义为腿、趾所构成的脚。《说文》：足，"人之足也。在下。从止口。凡足之属皆从足。"后来又引申为"出征得胜，凯旋归邑"等。因而，"足"部里的字，往往都与脚有关。大致也可以分为两类：

第一类名词，"趾、跂、趺、跋、蹄、跡、路、距、踵"等；第二类动词，"踱、跨、踰、跪、践、蹶、踏、蹈、踊、蹓跶"等。需要注意的是，"足、止、走、彳、辵（辶）、彳、行"等部，均为互相贯通的（注：彳，读饮，长行；辵，读绰，乍行乍止；彳，读持，小步也）。例如：

"足"部多在左边，如"趵（跳跃）、跄（走动）、跀（斩足）"……

"足"部也有在下面，如"踅、躄、蹩、躥、踅、跫、跫"……

"止"亦足部分支，如"步（行走）、歷（经历）、疌（疾也）"……

"走"亦足部分支，如"趣（快跑）、越（越过）、超（跳过）"……

"辶"亦足部分支,如"辶(长行)、巡(同巡)、延(长也)"……

"辵"(辶,从彳止)部,亦足部分支,如"巡、追、遇、迎"……

"彳"(小步)部,亦为足部分支,如"往、復、循、徐、待"……

"行"(本义为路)部,亦为足部分支,如"街(通道)、衢(四通道)、衝(交叉口)、衛(行列也)",等等。

汉字心部之分布

金文	篆文	隶书	楷书
𢖩 𢖩 𢖩 𢖩	𢖩	心 心	心

"心"字为象形,本义犹如人体中央位置的血泵器官,维持血液在全身循环流动。《说文》:心,"人心,土藏,在身之中。象形。"而"心"字作为部首,一般与心理活动相关,例如:惟(思考),息(呼吸),慢(怠慢),故从心;其分布形式大致有以下三类:

一是把"心"放在字的下面或者中间,写作"心",例如:下面的,"意(志也),念(常思),恩(惠也),感(动心),悲(痛也)"等;中间的,"愛(喜好),憂(愁也),慶(行贺)",等等。

二是把"心"放在字的左边,写作"忄",例如:左边的,"性(阳气),情(阴气),怅(望也),恨(怨也),悽(痛也),悔(恨也),懆(不安),憬(觉悟)"等。

三就是把"心"写在字下面的,写成"小",例如:下面的,"恭(肃敬)、慕(依恋)、忝(愧颜)"等形式;以及由此孳乳而衍生的,如"添、舔、悁、忝、掭、㤭",等等。

汉字人部之关联

"人"字,象人的侧身之形,突出人头、手臂和腿,本义犹如躬身垂臂的劳作者,会创造符号、自觉进化的动物。《说文》:人,"天地之性最贵者也。此籀文。象臂胫之形。凡人之属皆从人。"

首先,"人"部之属,大部分字是在其左边加上"亻"旁的标志。譬如表示人的类别之"伦"字、对象之"偶"字、长者之"伯"字、老二之"仲"字,等等。具体表述分以下几类:一如名词的,区分人的类别,如"俊、儒、侠、仇"等;二如形容词,表示人的德性,如"倨、傲、仁、俭"等;三如动词的,表示人的行为,如"仰、伏、伺、依、伸、借"等。

其次,"儿"、"大"、"立"等部,也与"人"字相关联。例如"儿"(古人字)部,其实就是与"人"部相关的变形之体,如先(前面也),兄(兄长),儿(即儿,婴孩也),兒(即貌本字)等。

次如"大"部,象人正面之形,两者互相关联,也等同于"人"部。如天(头顶也),夫(丈夫也),奔(人急走),亦(古腋字)等。

再如"立"部,也可以认为是大(人)的分支,以及相关之属,如端(直立也),竝(并立也),竢(企待也),竢(即俟,等待也)等。

汉字演变释例

　　管见释例者,即通过"笔"字之源流、"巿"与"市"之异同、"奔"与"走"之区别、行进"道路"之演进、"易"与"昜"之差异、"豕"与"亥"之变异,以及"夜以继日"等实例,分别介绍与诠释汉字改造和演进过程中的种种具体内在关联。

聿笔源流

甲骨文	金文	篆文	隶书	楷书
𦘒	𦘒	𥬞 𥬇	筆	筆 笔

　　世传:秦将蒙恬取兔毫竹管所制是造笔之鼻祖,恐怕不确。《史记》称:"蒙将军拔中山之毫,始皇封之管城,世遂有名。"此语不足全信;近人王力提出"秦代才有毛笔是近于事实的,先秦书籍中没有'筆'字"(见《汉语史稿》)的断语,却同样也是无稽之附会。而崔豹《古今注》曰:"自蒙恬始造,即秦笔耳。以柘木为管,鹿毛为柱,羊毛为被。所为鹿毫,非兔毫竹管也。"其言虽或有臆测,但有板有眼,不像毫无所据。

　　"秦谓之筆"者,"楚谓之聿,吴谓之不律,燕谓之弗"(均见《说文解字》)。笔之于文,从聿,从竹。聿者,笔也(从聿,从一)。聿者,《说文》曰:"手之聿巧也",像"又"(手)持"巾"(笔)。"一"者,即其所识也。此与"刀"字加点(丶)为"刃"字,"木"字加识(一)为"朱"、为"本"、为"末"等构字方法是同样的。故《说文》云:"聿,所以书也。"举凡"書"、"畫"等字,均从"聿"。至于从"竹"者,文字之"孳乳"也。

《说文解字·叙》云:"箸于竹帛谓之书。"《段注》:"书者,如也;如者,随从也。"此说是从形象化角度描绘"笔"的功能。其实,在殷墟甲骨文中,已经有"筆"字,如写作"又"(手)和"丨"(刀或枝)组合(见"前七·二三·二"),犹如手持刀或枝在刻划;也有类似用手(又)握笔杆(巾)作书写状(见"乙八四零七")。在商周金文中的"筆"字,则是将"又"和"巾"组合而成(见"父辛觯"),也有直接写成"聿"字(见"春秋者沪钟")。

显然,古人在书写文字时,十分巧妙地在该字下面"笔头"部分,增加表意标记"一"。后来经过"分化"以后,从而更具体地指明"笔"的功能。可见,古代"笔"字原型就是"聿",王力先生因而断定"先秦无笔字",至后汉,如《隶释》则云:"石经,蔡邕书丹,使工镌刻。"

从这个早期象形文字组合的内涵中可以断定:早在商代以前,我国就已经有了用笔写字这一事实。同时,已经看到在殷墟出土的三块牛胛骨版上,有几个用毛笔写成的文字,以及另有一些龟甲片上,虽未曾竣刻,但尚留有施朱涂墨的痕迹(详见朱芳圃《甲骨学商史编》)。因而更可证明当时至少已有类似毛笔的书写工具,并已开始运用"书写"的形式,来记录语言和表达思想。所以,刘熙在《释名》中诠之曰:"笔者,述也,述事而书之也。"

楚之谓"聿"乃本字,秦之称"筆"为后起;吴、燕之名,则属于各地方言的音变。毛笔,一般分为"柔毫"、"健毫"和"兼毫"等三大类。它们分别采用山羊毛、黄鼠狼尾和野兔脊毛等材料所制成。

　　古笔，除了传统记载和实物原件之外，还能看到的间接证据是仰韶、龙山等遗址出土的彩陶花纹，其结构简单，取法自然，笔触坚韧挺拔，风格质朴而又精巧，更具有引人的魅力。而彩陶上留下的笔痕，更证明当时已经开始使用颜料和柔性的绘笔。因此，我们完全有理由把运用毛笔的始端再度提前（参见梁思永《小屯龙山与仰韶》）。

市市异同

　　汉字中的一个"市"字，与二个"市"实在不是一回事。先看市场的"市"字，《说文解字》曰："买卖所之也"，并释："市有垣，从冂（古坰字）、从乁（古及字）"；又云："邑外谓之郊，郊外谓之野，野外谓之林，林外谓之坰。"因而，由"止"（古足字）、"及"、"冂"（坰）等三部分组合而成的"市"字，为"止"省声，列属"冂"部，音读"始"（见《中文大字典》），显然，这属于合形象意的文字。

　　"市①"，象征着商贾与货物相聚交换及其做买卖之场所（今曰"市场"）。如《易·系辞下》："日中为市，致天下之民，聚天下之货，交易而退，各得其所。"《战国策·秦一》："臣闻争名者于朝，争利者于市。"又引申为"交易"，如"有行无市"；再如《晋书·祖逖传》云："与逖书，求通使交市；逖不报书，而听互市，收利十倍。"

　　后来，逐渐引申为都市、城市或行政区域之"市"，如市里、市民、市门、市官、市政、市井等，又与"鬥"（即"斗"字）相组合而成为"闹"字，象征着大都市商业繁荣、市场竞争激烈等。同上可见，由"市"字作为声符"孳乳"而产生的，如表示金属元素的"铈"字；也有表示水果食物的，如"柿子"的"柿"字。

其次，再看围单的"市②"，读若"弗"，即"韨"的本字。"市"字的篆文本为两个形体，分别有两种读音，其隶变以后合而成一，于是，形同而音异。其一，篆书作"市"，属"市"部，列于"巾"部与"帛"部之中，从"巾"、从"一"，像佩巾连带之形（注：此字与"市"字不同，中间竖画上下贯通，笔划总数为四画，而"市"字的笔划则为五画），亦即"韨"本字。见《玉篇》："亦作韨"，亦通作"黻"、"绂"、"袚"等。

《说文解字》："市"者，"韠（褌）也，上古衣蔽前而已，市以象之。"孔颖达疏："他服称韠，祭服称韨。"《说文》又曰："天子朱市、诸侯赤市、卿大夫葱衡。"可见，此"市"为古代官服外缝于腹下膝上的蔽饰，象征着古代礼服蔽膝之形状。

"市"又作"芾"字，如《诗·曹风·候人》："彼其之子，三百赤芾（市）。"《诗·小雅·斯干》曰："朱芾（市）斯黄，室家君王。"《左传》中也有云："大夫以上，赤芾乘轩。"孔颖达疏："芾服，祭祀所用也。"或称：黄芾、橙芾、朱芾、赤芾、褐芾、青芾、紫芾等。

北宋时，金石书画家米芾，初名黻，字符章，号鹿门居士，山西太原人。而后世作为服饰的，则一般多用后起字"韨"，或通假为"黻"、"绂"、"袚"等字。其形状可能好像如今厨师身前所系的"围单"。

再次，了解一下兴盛之"市③"，读为"辈"。即"市"字的另一种写法，像草木茂盛之形，《说文解字》曰：市者，"草木盛，市市然。"象"中"滋生形，从"八"、亦声，属"市"部，列于"出"部与"生"部之间。段玉裁注：市者，犹如"枝叶茂盛，因风舒散之貌。"由"市"作为声符而"孳乳"的汉字，有大雨滂沱之"霈"、旗帜飘扬之"旆"、五脏六腑之"肺"、草木兴旺之"芾"、江河充盈之"沛"、削木扎朴之"柿"（注：不同于水果柿子的"柿"字）、人生颠仆之"伂"、犬獒鸣吠之"狒"、骏马高壮之"騛"、视线遮蔽不明之"昒"、心情愤怒之"怖"、用手推拭之"拂"，等等。

（注："市"字中间竖画上下连贯并出头。如果不出头的话，即为"市"字，意为满，环绕一周为"市"，如满十日为"市旬"，酒席满座为"市筵"、"市席"，等等，亦同"匝"。）

以上三个是形体酷似而含义迥异的字。其中第一个字含义比较明了，尤其在倡导市场经济的岁月，往往较为常用，也容易掌握。而第二、第三两字的形体已经同化，较少单独使用，也很难区分。他们之间的区别是，前者仅限用于"服饰"之字，或作为该类汉字的"义符"而转注相受；后者则一般充当汉字的"声符"，且具有"孳乳相生"的造字功能。其原型虽已蜕化，但作为汉字的字根或语素，则仍在常用，且还将继续增益。因而依然需要对此加以重视。

可由于汉文字源远流长，且经过长期的流变和演化，不断或千姿百态地改革与创新。故在实际运用中，此三字之间时常会出现模糊不清、混淆难辨等情况，甚至连不少辞书或教材也往往张冠李戴、或信而为之，致使不少读者无所适从、莫衷一是。已影响到语言准确表达和汉字规范使用的健康发展。

奔走浅释

"奔"与"走"，两个字的含义十分相似，而且又都是以组合象形的方法构成的同类字。段玉裁曾谓："浑言之则奔、走、趋不别也"（见《说文解字·段注》）。然而，只要稍加辨析，又觉得其中略有细微的差别。

先探"走"字的起源。"走"者,"奏也,促有所奏,至也"(见《释名·释姿容》);又云:"徐行曰步,疾步曰趋,疾趋曰走"(同上)。《说文解字》曰:"走"者,趋也;"从夭止(古足字)"。徐锴释:"走则足屈,故从夭"(见《说文系传》)。"夭止者,屈也"(见《说文解字》)。段玉裁又延伸其说,训之为:"安步则足胕较直,趋走则屈多"(见《说文解字注》)。徐、段两家的诠释在理论上虽然能够讲通,但可能由于他们当时缺乏古文字的原始资料,因而均难免有些牵强附会。

清顾蔼吉则根据《度尚碑》中"走"字形态而一改前说,曰:"碑变从犬"(见《隶辨》)。此说或许由于汉碑风化、文字剥落之故而引起? 王筠亦由此认为:"字当从犬,犬善走也"(见《说文句读》)。这些见解虽然独到,但恐怕也只是主观臆测而已,所以均较难以成立。

考:西周金文如《盂鼎》中的"走"字,从"大"、从"止"。"大"者,如人正立之形,又像人双手前后摇曳摆动,显然是对步行动作的客观描绘。它与"止"(足)字相合而象征着人的快速跑动(注:古代无"跑"字),先秦《石鼓文》亦写作"走"。由于后来的隶变,该字才写成目前"走"的这种形状(见《隶辨》)。

再析"奔"字的变化。"奔"者,"变也,有急变,奔赴之也"(见《释名》);《说文解字》云:"从夭,贲省声";此说虽然可以讲通,但却将象意误成形声。因而恐怕也只是巧合而已。考:《石鼓·田车》中“奔夜”的“奔”字,由三个“走”字的组合而构成,表示众人一起行走或互相竞逐;其次,在《石鼓·灵雨》“其奔其敌”中,则省作“奔”;而《盂鼎》中“奔”字,则从三“止”,亦象征着众多“脚步”齐走的意思。

汉字初文在改造过程中,单个形体符号的重叠分化,古时不乏其例,如:三个“人”字相合为“众”字,“眾”从三“人”而“多目”也;三“口”相合为“品”字,“喦”从三“口”而“多言”也(均见《说文解字》)。同样,“奔”从三“止”较“走”字而言,也具有更进一层的内涵。

因而,“奔”者,疾走也。此外,《释名·释宫》云:“堂上谓之行,堂下谓之步,中庭谓之走,大路谓之奔。”但此说仅限于对行走在“堂、庭、路”等各种场所的区别,而并非对“步行”内涵的诠解,后人却由此而产生“奔”是“走于草莽”的曲解(见《中华大字典》),那更是一种不切实际的臆测。

行道管窥

“衎”者,即猎碣文“道”字之原形,从行从人,众人所行也;而为官所行者,衜也;衜者,从行从首;首者,头也;如首长、首领、首脑、首相、首先,领袖也。两者都是“道”字之或体,古代另外的写法,其中还含有细微差异。在道家思想中,“道”代表自然律,是道家世界观的核心;而“德”则代表顺应自然律的法则,是道家方法论的核心。

"道"者,所行道也,从辵从首;辵者,乍行乍止,从彳从止;彳者,小步也;止者,古趾字;首者,头也(均见《说文》)。其本义为行进的道路,又引申为方法、技能,如《论语·里仁》"不以其道得之";又规律、事理,如《庄子·养生主》"臣之所好者道也";又思想、学说,如《论语·里仁》"吾道一以贯之哉";又说法,如《论语·宪问》"夫子自道也";又道家、道教之简称为"道";又古代行政区域或单位之名称也作"道";又作为量词,如"一道月光",等等。

此外,《说文》又云:"古文道,从首寸。"《释文》曰:"道本或作导。""道"亦为"導"(导)字之初文,導(导)者,从寸道声,寸者,手也;《说文》云:"人手一寸动脉,谓之寸。"从手者,指挥也;如"引导、领导、主导、倡导、创导、开导、教导、训导、因势利导"等。由此可见,道字还有疏通、引道(导)之解,如《书·禹贡》"九河既道";《论语·学而》"道千乘之国,敬事而信",等等。

《说文》:行,"人之步趋也";街,"四通,道也";衢,"四达,谓之衢";衕,"通街也"等;《释名·释道》则云:道,"一达曰道路","二达曰岐旁","三达曰剧旁"等。则为古人对"行道"之解释也。如今,"道山学海"指学问、"道貌岸然"指神态、"道义之交"指友情,而"分道扬镳"则可以参见"大阅兵"。

木易非杨

语文课上，曾有"木易为'杨'（楊）"说，也有学者，以汉碑隶拓为例，提出"木易未必非杨"，均振振有词。该字"昜"与"易"这两部分的写法虽然十分相近，但从其构字方式上分析，却属于读音和意义都完全不同的两个字。

先看容易的"易"字，读若"亦"。《说文解字》云："蜥易，蝘蜓，守宫也。"其本义象阴阳之形（一说"乍晴乍雨"），又引申为"改易、交易、容易"等。

甲骨文	金文	篆文

由"易"孳乳而形成的同源字，有表示遮云之"暘"（从日易声，与"暘"字不同）、闪耀之"焬"字（从火易声，或作"焱"，与"煬"字异）、改变之"敡"（从攴易声，与"敭"字别）、挑选之"揚"（剔）字（"剔"本字，与"揚"字别）、畏惧之"惕"字（从心易声、古作愓）、边界之"埸"字（从土易声，与"場"字不同）、衣襟之"裼"字（从衣易声，与"褟"字异）、细布之"緆"字（从系易声）、金属之"锡"字（从金易声，与"鍚"字不同）、脚击之"踢"（从足易声，与"踼"字别）、疏远之"逷"（同"逖"字，从辵易声，不同于"遏"字）、假发之"鬄"（同"髢"字，亦同"剃"，从髟易声）、病染之"瘍"（从疒易声，与"瘍"字不同）、蜥蛇之"蜴"（从虫易声，与"蝎"字别）、墨鱼之"鰂"（从鱼易声，与"鰂"字不同）、给予之"赐"、目视之"睗"、舔惜之"葛"等，皆汉字初文"形声相益"之结果。

再谈太阳的阳本字即为"易",读若"羊",古"陽"(今作阳)字。由象意而成,本义为"开也,从日、一、勿,一曰飞扬,一曰长也,一曰强者众貌"(见《说文解字》)。

由"易"孳乳而形成的同源字,有表示举手之"揚"(古作"敭"),排斥之"攘";热水之"湯",水流之"瀁";日光之"陽",日出之"暘",乔木之"楊",山谷之"崵";处所之"場"(塲),文石之"碭",圭璧之"瑒",镀饰之"錫";生长之"暢",通达之"暢",柳车之"輰",焚烧之"煬";风起之"颺",阴阳之"氜",祭名之"禓",美誉之"諹";精米之"糚",饴稠之"餳",鲡鱼之"鯣",蜘蛛之"蝪";病泄之"瘍",胃道之"腸"(俗作"膓"),放荡之"婸",大言之"喝"(古"唐"字),坠倒之"蹋",跌荡之"踼";直通之"傷",创痛之"傷";豪放之"惕",忧伤之"慯";短折之"殤",酒器之"觴",煮烧之"薚"等。此外,更有多重结构组合而成的形声字,如"錫、鍚、簜、蕩、薚、蕩、燙、盪、盪、盪、霷、鸏",等等。亦都属于汉字"形声相益"之结果。

由上可知,"易"、"昜"两字,形体虽然十分相似,而他们的本质实不同。清代顾霭吉《隶辨》"陽"字注曰:昜"从日、一、勿,与易不同……碑从'易'讹。"在汉魏等碑刻墨拓中,笔画增减、形体改动诸现象并不少见。因此,在日常书写或阅读中,务必对此多加关注。否则,容易造成张冠李戴,且面目全非的失误。尤其在进行传统书法艺术的创作时,可不慎之乎?

业师胡吉宣曾语曰:"易"即古"晹"字,如"日覆云暂见也"(见《说文解字》),本义为"乍晴乍阴",引申为"变易、交易"等。而天晴"日出"称为"暘"、无云"日开"则为"昜"(均见《说文解字》)。人们在搓麻将或抄股票时,如运气好书写下来就作

"旸"，即"热头（太阳，宁波方言）升起者，旸也"。依此类推，事物改变为"敭"（读"易"），耀光闪烁作"煬"；焚烧起火称"煬"（读"阳"），天晴起风谓"颺"。炉灶火头足为"旺"（本字作"王"），房间光线亮则谓"暘"（本作"易"，亦通"旸"，今作"阳"），起伏跌宕本作"踢"，古夷人称"婸"、巴蜀农民工自谓"阿婸"。

家中豕亥

猪仔、猪猡、猪头三，"万猪漂浮"成了街头热议的新话题。从撩起各"猪"实况看，胀足胀胖，不呼不叫、无声无息。有豝（白）无豭，多豯（小）或豵；非豝非豣（二三岁），少豟（大也）无豨，无豶（阉猪）无豴豲；或豭或豝，多为豚（即豚，乳猪也），无不垂头丧气。

甲骨文	金文	篆文

家者，居也，从宀，从豕（《说文解字》云："豭省声"）。于是"豕"成为"家"中之宝，有人云，其意为家中如圂（通溷，似厕、似猪圈），很脏很臭；有人则认为，家里供猪，祭祀祖宗，譬如"祭者，从又（手），示肉也"。豭者，即公猪；豝者，即母猪；豚（同豚）者，则为微豕、幼豕和仔猪，或称"乳猪"等。

豝者，即白蹄猪；豴者，即黑毛猪；豯者，即小豕，或称三月猪；豵者，即半岁至一岁猪；豝者，即二岁猪；豣者，即三岁猪；豟者，即大豕，五尺猪；豨者，即特豕，大野猪；豶者，即阉豕，去势猪；豲、豴者，即野豕，或豪猪。豩者，则谓两只猪。

甲骨文	金文	篆文

成语"鲁鱼亥豕",表示书籍在抄写或刊印过程中发生的文字差错。《吕氏春秋·察传》:"有读史者曰'晋师三豕涉河。'子夏曰'非也,是己亥也。'夫'三'与'己'相似、'豕'与'亥'相似,则'晋师己亥涉河也。'"

胡吉宣先生认为,家者,从宀(屋)、从亥(地支第十二,生肖属"猪"),亦即"孩"字的初文,也像大人抱着小孩(见世博会会徽),"咳咳之形也"(见《说文》)。而至于"豕"为瑕省声者,《说文》误解也。显然不无道理,但从甲骨文、金文看,家字里确为"豕",抑或住房与烤猪,原始生活的两大标志? 汉字之初文使然!

甲骨文	金文	篆文

然而,值得补充一提的是,"豕"者,彘(猪)也;"亥"者,荄(草根)也(均见《说文解字》)。似乎为形异而实非的两个字,而在古籍中,却仿佛又属于形近而实同的一个字。故《说文》又云:"亥"即"为豕,与豕同";"从二(古上字)",像"一人男、一人女也"。且云:"亥而生子,復从一起。"此与"地支第十二,生肖属猪"的说法又不谋而合。

随着汉字的使用和发展,两字又分别衍生繁殖,逐渐孳乳增多。譬如,与"豕"部相关之属,有如"家、逐、豨、豗、啄、诼、涿、琢、瘃"等字;而与"亥"部相关之属之字,则如"劾、刻、陔、孩、该、咳、垓、阂、骇、赅、荄、胲、核、颏、骸、氦",等等。

夜以继日

夜宿

"夜"者,《说文》:"舍也,天下休舍也;从夕、亦省声;"夜色苍茫,夜静更深,为天下万众入舍睡觉的时间,古人称太阳运行期间为"昼";月亮运行期间为"夜"。因此,"昼"字从"旦",而"夜"字从"夕";既形象,又达意。

成语"夜深人静"意思为深夜听不到人的声音而非常寂静;"夜以继日"则是指晚上连接着白天,形容昼夜不分,加紧工作或学习。"夜"的古字即为"亦",表示人体的两腋,具体可参见西周"侯鼎"和"师酉簋"二彝器上的铭文。

"夕"者,《说文》:"莫(暮)也,从月,半见(现);"其本义为月亮初显的黄昏,夕阳也;古人云"日初出为朝,月初出为夕,月高人静为夜"。即"夜"指人静,"夕"指日落与傍晚,如《诗·王风·君子于役》"日之夕矣,羊牛下来";《诗·唐风·绸缪》"今夕何夕? 见此良人",等等。

"旦"者,《说文》:"明也,从日,见一;一者,地也。"其本义为天亮,似日出,犹如世界从黑暗混沌合一之状态中分离出天地。古人称"日升而天地分明为旦,日落而天地不分为莫(暮)";即"旦"指早晨。又引申为天、日子,如《战国策·赵四》"一旦山陵崩,长安君何以自托于赵";又引申为明亮,如《尚书大传·卿云歌》"日月光华,旦复旦兮",等等。

由此可见,"夕"、"旦"二字,无论字形、抑或字义,显然都大相径庭,唯相继相承(即夜以继日),却无法相通相融。但遗憾的是,汉字在流变过程中,也有"不分昼夜"、互相混淆的窘景,如异变之"疸"字的出现(参见"书法欣赏网"楷书字帖白居易《长恨歌》),其实,那只是汉字隶、草变化中,在楷体上留下一种非常态、且有悖于六书规范的俗讹异邪、黑白淆杂之体。对书刻初习者来说,可不慎之乎?

金文			篆文	隶书	楷书
夾	或	夾	夾	夜	夜

识字实例

汉字的数量

启蒙识汉字

认笔解汉字

分类辨汉字

田遂题铭

汉字的数量

　　汉字在使用过程中的实际数量到底是多少？在了解识字方法之前，先熟悉一下历朝历代各类代表性字典及其分部与数量。

　　东汉，许慎《说文解字》（篆书），分 540 部，共计 9353 字；

　　晋朝，吕忱《字林》，分 540 部，共计 12824 字；

　　南朝，顾野王《玉篇》，分 542 部，共计 16917 字；

　　北宋，王洙、司马光等《类篇》，分 544 部，共计 31000 字；

　　北宋，陈彭年《广韵》分 206 部，（韵部），共计 26000 字；

　　北宋，丁度《集韵》，分 206 部，（韵部）共计 53525 字；

　　明代，梅膺祚《字汇》，分 214 部，共计 33179 字；

　　明代，张自列《正字通》，分 214 部，共计 33000 字；

　　清朝，张玉书等《康熙字典》，分 214 部，共计 47035 字；

　　1915 年，中华书局《中华大字典》，分 214 部，共计 48000 余字；

　　1968 年，台湾中国文化研究所《中文大辞典》，分 214 部，共计 49905 字；

　　1990 年，徐中舒《汉语大字典》，分 200 部，共 56000 字；

　　2010 年，新版《汉语大字典》，分 200 部，共计 60370 字；

　　1994 年，中华书局冷玉龙等《中华字海》，分 210 部，共 85568 字；

1953 年,人民教育出版社第 1 版《新华字典》,分 189 部,共 8500 字;

2011 年,商务印书馆第 11 版《新华字典》,分 189 部,共 11300 字。

1981 年,国家标准局《汉字国标码》,设一级字 3755 个,二级字 6763 个;

1988 年,语文出版社《现代汉语常用字表》,分常用 2500 字,次常用 1000 字;共 3500 字,为 200 万字现代汉语语料的 99.5%。

数字的由来

"一"、最小基数,最大全数;如第一唯一,一切一空;又如成语一笔勾销、一气呵成、一劳永逸、一波三折等;《说文》:"惟初太始,道立于一;造分天地,化成萬物。"

"二"、最小偶数,一对一双;又为阴阳乾坤,两极分化;如由一生二、二心三意、二元方程、二龙戏珠等;《说文》:"地之數也;从偶一。"

"三"、模糊多数,以三为多;又三生万物,更多更广;如举一反三、三省吾身、三从四德、三番五次等;《说文》:"天地人之道也。"

"四"、二的倍数,时空之数;譬如四时四季、四壁四围、四处四方、四郊四野、四海为家等;《说文》:"象四分之形。"

"五"、逢五一组,五为进数;又天地交汇,阴阳交午;如一五一十、五光十色、五花八门等;《说文》:"五行(金木水火土)也。从二,阴阳在天地间交午。"

"六"、二三积数,周易常数;又"庐"(小屋)的本字,象屋顶烟囱;如六艺经传、六神无主、六六大顺等;《说文》:"阴变于六(阳)正于八。"

"七"、古写为"十"(横长),切分极数;又"切"的初文,切者割也;如七上八下、七高八低、乱七八糟等；《说文》："阳之正也。从一，微陰从中衺（斜）出。"

　　"八"、八卦八字，分别之数；即为"分"的本字，背离相分；如八成八方、八面玲珑、八面来风等；《说文》："象分别相背之形。"

　　"九"、起一止九，最大整数；亦为多数，"究"的初文，极力手抓（探究）；如九鼎九宫、九泉九天、九死一生、九九归一等；《说文》："象其屈曲究盡之形。"

　　"十"、数学进数，又是表示完整的模糊数，古作"丨"或"十"（横短）；如十全十美、十月怀胎、十指连心等；《说文》："数之具也。一为东西，丨为南北，则四方中央备矣。"

　　甲骨文：一、二、三、三、×、∧、十、八、九、丨；

　　篆书：　　一　二　三　四　五　六　七　八　九　十

启蒙识汉字

汉字是世界上最古老的文字之一,也是 21 世纪最时尚的学问;是记录汉语的交流工具,也是独具魅力的艺术载体,如诗词的平平仄仄、书法的铁画银钩、篆刻的阴阳布局,等等。

汉字具有形象性的特征,从篆书认楷体,形象生动,易学易记,能加深理解,避免差错,还能举一反三。如:

认亲识字:

子女父母(父,劳动、教子),生儿育女(养育、生毓);

一目了然:

一字千金,一言九鼎(言,直言曰言,从口,伞声;鼎,三足二耳和五味之宝,籀文为"贞",祭器);

人之加减：

人、从、比、北、众（眾）；

四大皆空：

地（土、虫）、水、风、火；

五欲之属：

耳、目（眼）、自（鼻）、口、心；

五行之属：

金（土含矿砂、从土今声）、木、水、火、土；

五位之属：

上、下、左、中、右；

六合之属：

东、南、西、北、天、地（土）；

六畜之属：

马、牛、羊、豕（猪）、犬（狗）、鸡；

六兽之属：

鱼、鸟（隹）、龟、龙、虎、象；

天象之属：

日、月、风、雨、星、雷、云（雲）、雾……

地理之属：

厂、石、土（地）、山、川、水、江、河、湖、海、流、深、浅……

肉月之别：

从"肉"部者，如"胚、胎、脂、肪、肌、肤、脉、胖、肥、胞、脸、肘、臂、腿、胸、背、脊、胃、肺、肝、胆、脾、肛、肠、肾"等；

从"月"（缺也，大阴之精）部者，则如"朝、朗、期、朦、朔、望、朓（条，月侧，晦而见西方）、朒（即朒，女，月缩也，朔而见东方）"等（均见《说文》）。

日月之间：

"朝"字,本义月尽日出;如朝华夕秀。《说文》"旦也;从倝,舟声"。

"曙"字,本义晨光微露;如曙后星孤。《说文》"晓也;从日,署声"。

"早"字,本义日浴草木;如早朝晏罢。《说文》"晨也;从日,在甲上"。

"晨"字,本义荷锄出工;如晨兴夜寐。《说文》"为民田时;从晶,辰声"。

"晓"字,本义太阳升高;如晓行夜宿。《说文》"明也;从日,尧声"。

"昏"字,本义太阳西沉;如昏昏沉沉。《说文》"日冥也;从日,氐省"。

"暮"字,本义太阳落山;如暮鼓朝钟。《说文》"日且冥;从日,在茻中"。

"夕"字,本义月亮初升;如夕寐宵兴。《说文》"莫也;从月,半见"。

"夜"字,本义月高人静;如夜以继日。《说文》"天下休舍;从夕,亦省声"。

"冥"字,本义安定入宿;如冥思苦索。《说文》"幽也;从日,从六,冖声"。

认笔解汉字

　　汉字之间又均具有一定的差异性，也是认字识字的主要依据和区别点。因此同样需要特别加以留心和注意。

笔距之差：

　　王（皇、闰、润），玉（玩、璧），

王　（皇闰润）　玉　（玩）　璧

　　夲（叨，大十，速也）本（木下）末（木上）朱（赤心）未（味古字）；

夲　末　朱　未

长短之异：

　　二、上、下，人（企）、入（内）、土（坑、堂）、士（壮、吉）；

二　上　下　人　企　入　内　土　坑堂　士壮吉

篆尾之别：

如"丧、辰、畏、展"与"鱼、熊、羔、燕"，

又如"允、兄、充、先、兑、兒"及"克"（剋，胜也；尅，能、肩也）；

点首之异：

如"文、市、方、言、交、永、主"，

又如"并、兼、前、首、美、益、酉"；

篆头不侔：

如"奉、奏、春、秦、泰"与"舜、爵、爰、受"，

又如"表、素、责、青"及"要、贾、票"；

篆形异变：

如"十、丁、下、个"与"朋、明、胡、服"，

又如"干、于、千"和"失、矢、夫"及"畏、思、胃"。

笔形差异：

如"佳、隹、住"和"爪、瓜、辰、辰"，等等；

佳（善也，挂、卦）、隹（鸟尾，集、雅）、住（居留，注、驻）……

爪(覆手也,如抓、笊、蚝)、瓜(象瓜形,如孤独、狐狸、呱呱)……

辰(即震也,如振、娠、唇)、辰(古派,流别也;如血衇、经脉)……

似是而非:

又如"刀、人、入"和"匕"与"七",等等。

"刀",象锋刃之器,兵也(见《说文》);削、剪、初、切……

"人",象垂臂直立动物之形,最贵者也;仚(仙)、企、佛、从……

"入",象盖向下,表示封存,内也;内、全、罙(深也)……

"匕",象女奴,从反人,比序也;匙、顷、比……

"七"(化),变也;化字初文,象人倒下。

ク　ᄀ　ハ　爪　ꓼ

一脉相承:

以"臼"字增益而产生的新字。例如:"臼"字①(旧,舂谷之器),臼+男为"舅"②(舅舅)、臼+爪为"舀"③(捣)、臼+双手为"舂"④(撑)、臼+人为"臽"⑤(陷)、臼+千为"舀"⑥(插)……

臼①　舅②　舀③　舂④　臽⑤　舀⑥

"舀"(遥,爪臼),为手臼,抒捣。又如稻(谷)、蹈(舞)、滔(天)、韬(光)、慆(喜)、媥(女,闺秀也)、縚(同条,丝绳也)等,皆为"舀";

"舂"(冲，双手、杵臼)，为舂谷，舂粟；通捣，撞捣；又如椿橛(右舂，即桩，木器，通捣，撞击)。注：椿庭(右为舂，大木、长寿、父亲)；

"臽"(现，人臼)，为臽坑，臽入；通陷，陷阱。如埳坑、馅饼、谄媚、掐抓等，则为"臽"；

"舀"(又，千臼)，为舀入，去麦皮；通插，插秧。引申为工具，即铁锹。如锸锜、裪衣、啗嘴、歃话、歃饮(歃血)、掂门(关门)、湢水(洒水)、扂屋(躲藏)、婖女等，皆为"舀"。

一举三反：

与"青"字同源而衍生的新字。例如：青(轻，东方色也)，如凉清、洁清、俏倩、才婧、敬请、心情、天晴、眼睛、草菁、竹箐、安靖、止静、细精、赤綪、鲭鱼、蜻蜓……

分类辨汉字

不同汉字之间，还具有一定相似性，在识读过程中，同样不能掉以轻心。

形近而实非

譬如"戊、戌、成、戍、戎、戉、戒"等字：

"戊"者，天干第五位，"象六甲五龙相拘绞"；为兵器之形，戊承丁，象人胁（携）。

"戌"者，地支第十一，"灭也，九月阳气微，万物毕成阳入地"；从戊，含一（会意）。

"成"者，"就也，从戊，丁声（形声）。"指完成、成就，亦成为、变成；又指成熟、已成等。又孳乳为"诚、城、盛、筬、晟、宬、娍、铖、郕、珹、莀、峸、宬、絾"，等等。

"戍"者，"守边也，从人，持戈（会意）。"即驻防，如卫戍、边戍；又如"茂、瓥、浅"等。

　　"戎"者，"兵也，从戈，从甲（会意）。"古兵器，"弓、殳、矛、戈、戟"称为"五戎"；亦称军旅、军士；又专门指征伐，如兵戎相争。又如"绒、狨、羢、毹、茙、袦、鏚、駥"，等等。

　　"戉"者，"斧也，从戈，丿（觉）声（形声）。"又"钺"初文，古星名；再如"跋、越、瓮"等。

　　"戒"者，"警也，从廾，持戈（会意）。"即警戒，如戒示、戒备；又如"诫、悈、械、祴"等。

又如"礻"（示）部与"衤"（衣）部：

　　"示"（礻）者，"天垂象见凶吉，所以示人也。"从二（上），三垂，日月星（会意）也。

　　如"禧（礼吉）、禄（福也）、祯（祥也）、祥（福也）、祉（福也）、福（备也）、祐（助也）、祺（吉也）、祗（敬也）、禔（安也）、神（天神引出万物也）"，等等。

　　"衣"（衤）者，"依也。上曰衣，下曰常（下裙）；象覆二人之形"（均见《说文解字》）。

　　如"袀（玄服）、被（寝衣）、裾（衣袍）袑（绔上）、衩（内衣）、衫（单衣）、衽（衣襟）、袪（袖口）、袍（长衣）、裙（下裳）、裾（前襟）、襟（前领）"，等等。

再如"心"（忄、⺗）部与"水"（氺、氵）部：

　　"心"部，如"忝、恭、慕、懿"和"意、志、念"与"忡、怅、怯"等，皆从"心"（忄、⺗）。

　　"水"部，如"泰、黍、汆、黎"和"沈、泛、沙、江、河、海"等，皆从"水"（氺、氵）。

形似而不同

譬如"己"、"巳"、"已"、"以"等字:

己　巳　已　以

"己"者,天干第六位,又指自己。《说文》:"中宫也,象万物辟藏屈形也。"

"巳"者,地支第六位,《说文》:"巳(尽)也,四月阳气巳出,阴气巳藏。"

"已"者,已经,停止,完毕,太过等;《玉篇》:"止也,毕也,讫(终)也。"

"以"者,亦通"已",古作"㠯"。《说文》:"用也,从反巳。"段注:"今字皆作以。"
用也,将也,依也等;如以一当十、以少胜多、以耳代目,等等。

又如"日"、"曰"、"冃"与"耳"、"目"等部:

"日"者,如昌、明、暗……"曰"者,如曷、曹、沓……"冃"者,如冒、冕、胄……

"耳"者,如耳之耵、聆、耽、聪……"目"者,譬如目盯、眼看、盼望、视眈……。

以及"段"、"叚"等旁:

"段"者,椎物。如锻、缎、煅、椴、塅……

"叚"(假)者,借也。如霞、暇、瑕、遐、瑕……。

再如"田"、"毌"、"毋"、"母"等字：

"田"者，陈（畻）也。树穀曰田，象阡陌之制，如云田地、田间、田野等；再如"男"者，丈夫也。从田，从力。《说文》："言男用力于田也。"又甥字，即从男。

"毌"者，穿物持之也。从一，横贯。今作"贯"，从毌，从贝。如"虏"者，掳掠也。从"毌"部，见《说文》。《段注》："谓拘之以索也。"《汉书·晋灼传注》："生得曰虏（虜），斩首曰获（獲）。"今者如云，贯彻、贯穿、贯通等。

"毋"者，即莫，不可也。《说文》云："从女，从一。"一者，"禁止之，令勿奸也。"如今所云毋宁、毋庸、毋须等。

"母"者，即母亲，亦谓女性长辈，特指祖母。《说文》曰："牧也。从女，怀子；一曰象乳子也。"如母系、母体、母本、母爱、母株，等等。

文字名言书

文 字 名 言 書

"文"者，《说文》云："错画也，象交文。"又云："依类象形谓之文。"此字象纹身之形，以笔画交错之形而得名。《易·系辞》："物相杂，故为文。"后又分别从"糸"为纹理、从"彡"为彣章。《说文》以"独体为文，合体为字"，称其书名为《说文解字》。

"字"者，《说文》云："乳也，从子，在宀下。"徐锴注曰："爱也。"《玉篇》云："乳，字也。"《切韵》："文孳曰字。"在古代，人之生子谓"字"，像人在屋下；禽兽生育，则为"牸";《汉语大词典》归属"子"部,释曰:"怀孕、生育,哺乳、养育,等等。"而如今则统称书写的文字为"字"。如《说文叙》曰:"形声相益谓之字。"由此可见,字的本义为生长,犹如生子众多,引申取譬而成。故许慎又云:"字者,言孳乳而浸多也。"

"名"者,《说文》云:"自命也,从口,从夕;夕者,冥也。冥不相见,故以自名。"是指在深夜中黑暗,目不见人,自呼以及叫人,统称为"名",犹如飞鸟谓之"鸣"。《管子·心术》:"物故有形,形固有名。"郑玄注《周礼》云:"古曰名,今曰字。"又注《论语》云:"正名,谓正书字也;古者曰名,今世曰字。"因而,引申为"文字"。

"言"者,《说文》:"直言曰言,论难曰语。"段玉裁注:"语,论也;论,议也;议,语也。"《战国策·齐策一》:"臣请三言而已矣。"高诱注:"三言,犹三字。"其中"言",即字也,"言",本为人际间交流的语言,文字即记录语言的符号,因此,"言"又被称作为"文字"。如今称五字、七字格律诗,谓"五言"、"七言"者,亦同理。

"书"(書)者,《说文》:"箸(记载)也,从聿,者声。"又曰:"箸于竹帛谓之书。"金文中也有从聿、从口的,其意与"曰"同,即以笔代口,如写字称作书,犹以书写代替语言,因而,书亦"字",即文字、书体,又称书籍、书法,以及书信、尺牍等。

由上可见,"文、字、名、言、书"者,实质都是一回事。错画之形,谓之"文";孳乳浸多,谓之"字";互相称呼,谓之"名";语言统称,谓之"言";写成简册,谓之"书";统而称之,则为"字"。"文字"者,亦即"书、言、名"也。

人生看变化

甲骨文字符

人之初见于"子"："子"者，滋也，象形，似子抱手中；《说文解字》："十一月阳气动，万物滋。"孕，从子从人，妊娠怀子也；娩，本从"子"免声，分娩生子也；字，乳育哺养也，从子在宀下；孺，乳子也，从子需声；孳，汲汲生也，从子兹声；孤，无父也，从子瓜声；孩，幼儿也，从子亥声；孙，子之子；孖，双子也；孑，无右臂，孤独也；孓，无左臂，缺失也。

"儿"（兒）者，古人字；子不抱，渐成"兒"；凡此之属，皆从"儿"。譬如"兀（高而上平也，从一在人上）、允（信也）、兑（说也）、充（长也）、兄（长也）、先（前进）、兒（颂仪）、秃（无发）、兜（人头）、见（视也，从儿从目）"，等等。

而"欠"者，"象气从人上出之形"，张口气悟也。与此相关联的，如"吹（出气）、歌（咏也）、欨（安气）、歇（息也）、欧（吐也）、欣（笑喜）、叹（歎，吟也）、咳（欬，苲气也）"，等等。

人之成见于"大"："大"者，像人正身张手之形；《说文》："天大、地大、人亦大。"夭，屈折；矢（即侧），倾头；亦，像人之双臂，今作腋（两肢）；夹（夾），裹物；去，人相违；奔，走也；吴，从矢、从口，大言；夫，从大一，丈夫、配偶；天，从一大，颠也，至高无上；交，交胫；从大，象交形；立，住也，从大在"＿＿"（地面）上。凡从"立"者，如"端（直也）、竫（亭安）、靖（立靖）、竭（负举）、竢（待也）、竣（已事）、竝（二立并）"等。

而"人"者，则像臂胫之形，即为人之侧身；《说文》："天地之性，最贵者也。"从人者,仁,亲也;仕,学也;仲,中也;伯,长也;位,列也;供,设也;佶,正也;保,养也;僮,未冠也;俊,才干也;佳,善也;傀,伟也;伟,奇也;傲,倨也;倨,不逊也;企,举踵也,从人止(会意),犹如人之踮脚盼望;"死"者,从歹从人,所离别也。

　　人之衰见于"老":"老"者,考也;考、耆者,老也;《说文》:"七十曰老,从人、毛、匕,言须发变白也。"孝者,子承老也,即善待老人;耄耋者,八九十岁也;寿者,从老,长久也。

甲午识马力

　　"马"者,怒也、武也。《说文》云:"象马头、尾、四足之形。"良马为駃,良駃为騠,良騠为䮘,良䮘为骍,良骍为駏(同騾),良騾为駒,良駒为騇,良騇为骁,良骁为骏,良骏为骜,良骜为飞兔,骏骜为赤兔。其形态各异,飘逸灵动亦谓之"八骏"。八骏者,即"赤骥、盗骊、白义、逾轮、山子、渠黄、骅骝、騄耳",又名"绝地、翻羽、奔宵、超影、逾辉、超光、腾雾、扶翼"。

　　甲午奔腾,遥途识马。幼马为驹,小马为駣,雄马为骘,雌马为騇,母马为騍,草马为騲。单马为匹、单匹为骑、双马为騗、双匹为骈,三骑为骖、四骑为驷,众马为骉、多马为馼。马之威仪为骙、趫迅为駃、突悍为駻(即騹)、凶悍为驯,健壮为骄、肥壮为駧、肥大为駓、高大为駊、长大为骙、壮实为骥、壮美为骍、壮强为駃,力强为駓、力弱为驽、力庸为駘、愤怒为騹、摇头为駊、追求为骜、昂首谓之骧。

　　马之起步为骛、乘马为骑、驾骑为騑、徐行为骢、走行为駆騟、疾行为驰、疾驰为駛、疾驶为腾、承载为駸,鞭行为驱、驱驶为驾、驾策为驭、驭驾为駍、駍驰为駃、奔窜为駃、駃行为骎、骎捷为骤、蹋驰为骋、奔驰为骤、狂放为骦、控驰为騠、辍驰为驻、登高为騀、跳跃为驙,不加鞍辔谓之骒。

　　千里之马为骥、长毛之马为骏、颈毛长为骔、青毛为骓、紫色为騟、混色为驳、斑纹为骊,赤色为骍、赤白相间为騢、赤黑相杂为骥、赤身黑鬣为骝、赤鬣缟身为駃,暗色白额为駹、白眼为駧、白腹为驐、白臀为騤、白足为騱、白尾为騏、尾(根部)白为騱、膝下皆白为驠、四蹄全白为騚,黑嘴为骃、浅黑为騩、灰黑为駰、青黑为騧、棋黑为骐、纯黑为骊,黑黄相间为騮、黑身黄毛为驔、黑身白股为骦、黑白相杂为骍、青白相间为骢、苍白相交为骓、一身淡黄为骠、黄白相融为騜、白黄相杂亦为駓、似马似驴谓之騾。

甲骨文	金文	篆文	隶书	楷书
𢾷	𢒉	𢒉	馬	馬　马

乙未话吉祥

　　乙未岁羊,如意吉祥。"羊"者,"祥也;象头角足尾之形"(见《说文解字》)。羊为吉祥,羊之气、羊之味、羊之肉,则为"羴"(善)。羴即膻,亦为羶,本作羴;羴者,善也。《礼记·祭义》云:"建设朝事,燔燎羴芗(香味),见以萧光,以报气也。"《庄子·徐无鬼》曰:"舜有羴(膻)行,百姓悦之。"明江盈科《雪涛·心高》云:"人心羴慕(善),非名即利。"

　　羊名为"羥"(羟、腔),羊鸣为"芈"(咩);公羊为"羝"(低),羝羊为"羘"(臧);母羊为"羭"(愉)、为"羠"(姨),牝羊为"羜"(肺);羊子为"羔"(照省声),五月羔"羜"(住),六月羊"羍"(务),未足岁"羝"(兆);小羊为"羍"(沓),大羊为"羬"(咸);北山羊"羱"（原），黑山羊"䍶"（因），黄腹羊"䜌"（幡）；白色公羊"羒"（份），夏季黑羊"羖"（古）；

郊羊为"馀"（余），野羊为"羦"（环）；胡羊为"䍮"（袜）、为"羠"（倪）、为"羺"（儒），匈奴为"羯"（竭）；怪羊为"羵"（愤），瘦羊为"羸"（类）；病羊为"羧"（最），羊病为"羮"（委），羊角不齐"觤"（诡）；羊逐为"韑"（伟），羊跳为"羷"（拙）；牧羊为"羌"（强），飞翔为"羿"（古翔字）；

羊绒为"羢"（绒），羊角为"䑝"（脸）；羊腊为"羫"（控），羊干为"羓"（巴）；如羊为"㯬"（东），似羊为"驼"（驼），状羊为"㺌"（患），辈（批）羊为"群"（羣）；羊气为"羴"（膻），羊杂为"羼"（颤）；羊善为"美"（甘也），羊美为"善"（吉也），美善为"羏"（阳）；进善为"羑"（诱），美食为"羞"（秀），哺食为"养"（養）……

汉 字 古 迹

原始符号择要

商周文字择要

秦汉文字择要

三国文字择要

汉字古迹图录

　　我国汉文字是最古老而又系统化的文字。兹选择一些汉字在逐渐形成与重要变革，即篆变、隶变过程中，极具代表性和艺术性的古迹图录，以便于在学习与掌握认字、识字规律中，进一步了解它在发展过程中的来龙去脉。

原始符号择要

　　西安半坡陶文、临潼姜寨陶文、龙山丁公陶文。

商周文字择要

　　商代甲骨文（龟背）、商代甲骨文（兽骨）、商代小臣艅犀尊铭文、西周大盂鼎铭文、西周大克鼎铭文、西周史墙盘铭文、西周静簋铭文、西周毛公鼎铭文、西周颂鼎铭文、西周颂壶铭文、西周虢季子白盘铭文、西周散氏盘铭文、春秋秦公簋铭文、春秋王子午鼎铭文、春秋王孙遗者钟铭文、春秋侯马盟书铭文、战国中山王鼎铭文、战国燕烙马玺印文、先秦石鼓文、先秦诅楚文。

秦汉文字择要

　　秦会稽刻石、秦泰山刻石、秦琅琊台刻石、秦峄山刻石、秦碣石颂、秦诏版文、睡虎地秦墓竹简、汉马王堆帛书、汉司徒袁安碑、汉司空袁敞碑、汉祀三公山碑、敦煌汉简、居延汉简、武威汉简、甘谷汉简、汉石门颂、汉乙瑛碑、汉礼器碑、汉华山碑、汉西狭颂、汉张迁碑。

三国文字择要

　　魏三体石经、魏东吴侯王基残碑、吴天发神谶碑。

原始符号择要

西安半坡陶文(陕西西安半坡村出土,距今约 6000 年)

临潼姜寨陶文（陕西姜寨遗址出土，距今 5000 年以上）

龙山丁公陶文（山东丁公龙山文化，距今 4000 余年）

商周文字择要

商代甲骨文（龟背，见《卜辞通纂》）

商代甲骨文(兽骨,见《卜辞通纂》)

商代小臣艅犀尊铭文(出现粗笔,结体雄浑自然,计 27 字)

西周大盂鼎铭文（即盂鼎，西周炊器，字迹端严凝重，291字）

西周大克鼎铭文（又称膳夫克鼎，笔画圆润别致，290字）

西周史墙盘铭文（即墙盘，笔式流畅圆润，284 字）

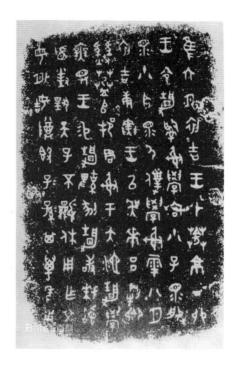

西周静簋铭文(字形淳朴典雅,笔短趣长,88 字)

西周毛公鼎铭文（用笔圆劲茂隽，瘦劲修长，497 字）

西周颂鼎铭文(青铜圆腹食器,笔法秀逸自然,152 字)

西周颂壶铭文（青铜酒器，重要商贾经贸史料，149字）

西周虢季子白盘铭文（字形端庄隽秀，圆转周到，111字）

西周散氏盘铭文（用笔粗放豪犷，精美遒劲，357字）

春秋秦公簋铭文（字体曲中求劲，自然严谨，123 字）

春秋王子午鼎铭文(结体秀逸奔放,纹饰精细,鸟篆体 86 字)

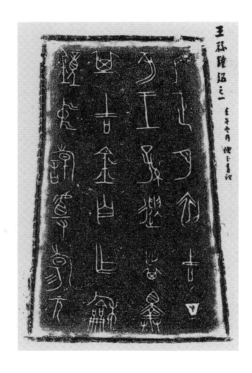

春秋王孙遗者钟铭文（形体细长别致，柔和优美）

春秋侯马盟书铭文（笔法灵动自然，苍劲简率）

战国中山王鼎铭文(字形修长精致,中山三器之一)

战国燕烙马古鈐文（日庚都萃车马）

先秦石鼓文(又名猎碣、雍邑刻石,共十只 700 余字)

先秦诅楚文(发现三石,计 326 字,咒楚败亡)

秦汉文字择要

秦会稽刻石（原石已毁，乾隆时重刻，古今妙绝）

秦泰山刻石（又称泰山碑，笔画圆润劲健，传国遗宝）

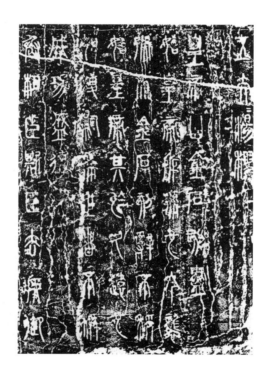

秦琅琊台刻石（传世 86 字，字形雄浑肃穆，严谨流畅）

秦峄山刻石（又称峄山碑，笔法遒劲整饬，古意毕臻）

秦碣石颂（又称碣石刻石，结体整饬圆婉，原石久佚）

秦诏版文（又称廿六年诏版，布局错落有致，每多奇趣）

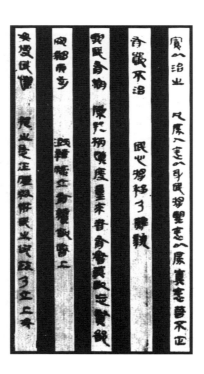

睡虎地秦墓竹简（又称云梦秦简，1975 年湖北出土，1155 枚）

汉马王堆帛书（1973年长沙出土，凡28种，计12万余字）

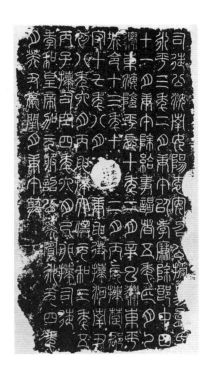

汉司徒袁安碑(简称袁安碑,运笔圆润舒畅)

汉司空袁敞碑(简称袁敞碑,笔致圆畅自然)

汉祀三公山碑(简称三公碑,篆意苍劲古朴)

敦煌汉简（敦煌地区总发掘九批,25000 余枚,发现最早）

居延汉简（30 年代初，西北居延首次掘出 11000 余枚，价值极高）

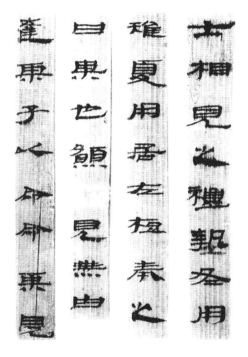

武威汉简（1959 年，甘肃武威市汉墓出土，内容丰富，王医礼三类）

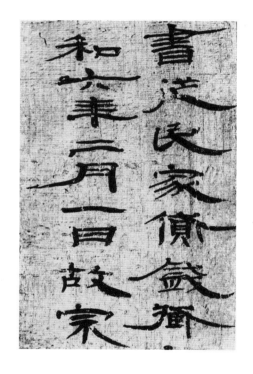

甘谷汉简（1971年，甘肃天水甘谷县汉墓出土，笔势优美秀丽）

汉石门颂（又称《杨孟文颂》，挥洒自如，奇趣逸宕）

汉乙瑛碑（全称鲁相乙瑛请置百石卒史碑，气势端庄雄伟）

汉礼器碑（全称鲁相韩敕造孔庙礼器碑，笔致秀雅肃穆）

汉华山碑(全称西岳华山庙碑,朴茂古拙,圆转流动)

汉西狭颂（全称武都太守李翕西狭颂，庄严浑穆，稳健自然）

汉张迁碑（亦称张迁表颂，朴茂遒劲，气势磅礴）

三国文字择要

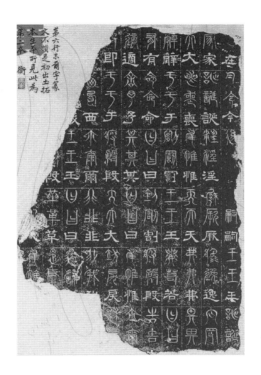

魏三体石经（又称正始石经，古文小篆隶书三体，估 27 碑）

魏东吴侯王基残碑(简称王基碑,篆笔隶意,楷法兼顾)

吴天发神谶碑（又称吴天玺纪功刻石，笔力苍劲古朴）

后　记

　　金石篆刻不仅是一种艺术,也是一门学术,更是传承中华文化发展的印记。印章的形式与内容、性质与功能、风格与特征等融会贯通、表里合一的基本常识,则是通过汉文字艺术,由充满活力、感染力、生命力的气息之融合而自然流露,并具有鲜明的艺术个性,以人为本、扬长避短;去伪存真,优胜劣汰,且在与时俱进中,传承、发扬与光大。

　　诗为心意、书为心画、印为心迹,诗、书、印三者,都是展现汉字的艺术、作者心灵的反映;诗、书、印的独特魅力,往往也就是通过各自的艺术手段,将汉字声、形、义等要素,进行分布、优化和组合而展示。其中书法与篆刻的主要差异就在于工具,即前者运用笔墨纸砚,后者采用刀石印泥。而艺术家的学术思想、艺术水平和技术高低,也往往反映在同一艺术载体,即离不开对汉字笔画、结构和形体之理解与把握上。

　　《汉字概要》为《印学概要》的衍生之作,通过深入浅出地阐述汉字起源与形成、发展和流变,以及与认字、识字相关的基础知识。力求通俗明了、深入浅出,而不失国学本源;并求不与雷同、另辟蹊径,且不离国艺传统。更将传统艺术知识化、专业知识通俗化,为书法与篆刻研习或爱好者,在书刻艺术表现过程中,提供一种解决相关困惑而又切实可行的运作工具,为学艺、学文或学收藏者提供一种别开生面的新视野。

　　《概要》汇聚着作者长期沉浸其间所积累的心得体会，既是了解与考证印学艺术发展轨迹的一部学术综合性、教学实用性与艺术欣赏性兼顾的专著，也为在书法或印学领域中从事艺术教育、收藏鉴赏及其爱好者，提供一本不可或缺的专业参考读物。限于学识，疏漏与缺失在所难免，尚待各家不吝批评，匡谬法正，是所冀幸。专此补述云尔。

吴门沈宽谨识于沪上二长三短斋

图书在版编目(CIP)数据

汉字概要 / 沈宽编著. —上海：上海书店出版社，
2017.4 （2019.9重印）
ISBN 978-7-5458-1400-2

Ⅰ.①汉…　Ⅱ.①沈…　Ⅲ.①汉字—研究　Ⅳ.
①H12

中国版本图书馆 CIP 数据核字(2016)第 325592 号

责任编辑　杨柏伟　邢　侠
装帧设计　沈　宽
技术编辑　吴　放

汉字概要
沈宽　编著
上海书店出版社出版
(200001　上海福建中路 193 号　www.ewen.co)
上海人民出版社发行中心发行
上海丽佳制版印刷有限公司印刷
开本 710×1000　1/16　印张 10.25　字数 80,000
2017 年 4 月第 1 版　2019 年 9 月第 2 次印刷
ISBN 978-7-5458-1400-2/H·25
定价 30.00 元